高中版

解读课文

就这样

朱水军 著

上海社会科学院出版社
SHANGHAI ACADEMY OF SOCIAL SCIENCES PRESS

序：看风景的人

做个语文教师是幸福和快乐的。

记得唐代诗人贾岛的《寻隐者不遇》一诗中有如此句子："只在此山中,云深不知处。"我一直以为,语文教学就是一座大山,那一册册精致的教材,一篇篇优美的课文——诗歌、散文、小说、戏剧等,如同山中的一林一木、一水一溪、一花一草……构建成了一个山重水复、柳暗花明的语文世界,成为语文教师精神家园的世外桃源。语文教学的过程,就是漫步登山、赏花弄月的过程;语文教师则是行走其中赏风景的人。我们读课文,备课文,教课文,学课文——每天每课、月月年年都徜徉其中,时时看山上日出日落,岁岁望天边云卷云舒。我们在山中尽情享受着作为语文教师独有的幸福与快乐,这是一种沁人心肺、心旷神怡的境界,妙不可言。

我不知道其他的语文老师有没有和我一样的感受,但至少我自己是真切地感受到了这种幸福和快乐——以欣赏的眼光,在语文教学的大山中漫步,边走边看,边教边学,边思边悟,一路前行,一路求索,一路写作,一路收获。虽然中间有过曲折,有过坎坷,有过痛苦,有过失落,但更多的却是,当自己的一篇篇文章、一个个文字发表在各级各类报刊而转变成散发着浓浓墨香的铅字时的那种欣喜和满足。我依旧清晰地记得第一篇文章发表时的情景。那是一篇关于作文指导的课堂教学实录,发表于1999年10月的《语文学习报》(吉林通化），后转发于《中学语文教学》。当任飞编辑打电话告知文章被刊用时，我心中的激动是难以用语言来形容的。这可是我参加工作以来发表的第一篇文章啊！之前的一年中，我写过很多有关语文教学方面的文章，也给很多报刊投过稿，但都是出笼的鸟儿有去无回——屡写屡投，屡投屡败。失落与痛苦几乎让我弃笔，但不服输的本性最终让我咬牙坚持了下来，终于在这一次峰回路转、云散日出。这大大激发了我求知的欲望和教研的兴趣，成为我写作的起点和精神的支点。

就这样，慢慢走，欣赏啊。我对于课文的理解，几乎到了"着迷"的程度。我知道"奇文共欣赏，疑义相与析"的道理。我之所以这样去解读课文，主要是为了表达我个人对课文的理解，即使这种理解不免肤浅、偏颇，甚至错误和荒谬。但不管怎样，至少表达了自己的看法，这看法中有我深入的思考、研究和求证。我与我的学生一起分享、交流和探讨，语文课上因此有了欢声笑语，也出现面红耳赤，更甚至于唇枪舌剑。这些都成了我现在无比珍贵的记忆——那些精彩的瞬间、我的语文课堂，这都建立在一个人执着的追求之上，串连着我整个教学生涯，成为我一路前行的全部风景。

我本愚笨，但踏实勤奋，肯吃苦，有一种对文字的由衷热爱。大学4年，我边读边写，毕业时居然已在一些报刊上发表了十数篇豆腐干大小的文章（全是散文），因此被系里的同学称为"中文系的小才子"。工作至今，21年的时间里我再读再写，将阅读时的所感所悟、备课中的研究发现、课堂里的酸甜苦辣等，付诸文字，变为铅字。积聚至今，成果颇丰：我担任过《中学生导报》的特约编辑、《语文学习报》的特约撰稿人；至今在《中学语文教学》《语文教学通讯》《语文学习》《语文建设》《教学月刊》等国家级中文核心期刊上发表论文12篇，在省级以上多种报刊上发表各种教育教学方面的文章240余篇，计50余万字；多篇论文荣获省、市、市属级一、二等奖；参编各种教辅书籍 11 本，计 40 余万字；我被学校的一些老师冠以"绍兴一中的一支笔"的雅号，而我的已经毕业了的那些学生，在与我的日常闲聊中，还总会有意无意地提及那时的课堂和我的有关课文解读的例文（我会在课堂上呈现一些自己写的课文解读文章，让学生欣赏、点评和模仿），言辞间流露的，是我们以前共同的美好时光。作为语文教师，我是幸运的，也是幸福的。

就这样，岁月静美，时光在不知不觉间远去。整整 21 年，弹指一挥间。不意惊见，我在绍兴一中已经工作了如此一段说长不长、说短不短的日子。回头望望，走过的道路印迹全无，唯有的就是上面提及的一些文章文字。这么多年来，我的心中一直有个愿望，就是出一本自己写的书，将自己发表过的文章整理出版。今天，这个夙愿已经成真，心中的激动与喜悦一如当年的处女作发表。我要真诚地向学校的领导和同仁表示感谢，没有他们的无私支持、关心、帮助和指导，我不可能取得现在这样的成绩，也不可能有今天的圆梦之日；我要深深地向我的爱人章茜兰女士表示歉意和敬意，多年来，我专注于自己的写作与教研，忙碌于学校这样那样的工作，是她一个人担起了养儿持家的重任，家里家外，大事小事，纤弱的身躯为我撑起了一方晴朗的天空。

这本书中的所有文章，都是有关文本解读的理论阐述和个案辑录，是我在备课、教学的过程中对课文内容主旨、人物形象、写作技巧等的解读与赏析、探索与研究的结果，集中发表在 2002 年以后的《语文学习报》和《中学语文报》上（此两报为主，也散见于其他报刊），以及其他一些全国中文核心期刊、省级报刊等。解读的文本，大多是原来人教版课文，少量是新课改后苏教版、人教版课文。内容上虽然显得肤浅和偏颇，但都是自己的真实解读；语言上虽然很是粗劣和幼稚，却全为自我的个性表述。说句不谦虚的话，我还是比较珍惜它们的，所谓"敝帚自珍"是也。我只能这样安慰自己，也权作薄礼，答谢所有爱我的人和我爱的人，并真心希望得到专家同仁的批评与指正，以期今后的进一步提高和完善。

因为我还在路上。

是为序。

2018 年 5 月 18 日初稿

2019 年 7 月 10 日二稿

目　录

序:看风景的人 ………………………………………………………… 1

通识：就这样解读课文

引言 ……………………………………………………………………… 3

第一节　为何解读 ……………………………………………………… 5

第二节　如何解读 ……………………………………………………… 8

第三节　解读收获 ……………………………………………………… 21

结语 ……………………………………………………………………… 42

实践：解读个案呈现

第一辑　思想内容分析：识得曲径的柳暗花明

问韩愈：何谓"师道"？

　　——从《师说》看韩愈的"师道"思想 ………………………… 47

君看流水尚能西,休将白发唱黄鸡

　　——由《游沙湖》看苏轼的旷达性情 …………………………… 54

顺民之性以养其民

　　——从《种树郭橐驼传》看柳宗元的"养人术" ……………… 62

字字梦梦皆呐喊

　　——从《〈呐喊〉自序》看鲁迅的文艺观 ・・・・・・・・・・・・・ 67

《灯》的意蕴之美 ・・・・・・・・・・・・・・・・・・・・・・・・・・・ 70

第二辑　主旨情感解读：打开梦想的天堂之门

问老舍：你究竟在想些什么？

　　——《想北平》情感主旨再探究 ・・・・・・・・・・・・・・・・ 77

好一片永远常春的藤叶

　　——《最后一片常春藤叶》主旨解读综述与再析 ・・・・・ 82

是什么拯救了你，琼珊？

　　——兼论《最后一片常春藤叶》的主题 ・・・・・・・・・・・ 88

从祥林嫂的“死”看礼教思想的荒谬性

　　——兼析《祝福》的主题 ・・・・・・・・・・・・・・・・・・・・ 93

究竟是谁砸碎了清兵卫的葫芦？

　　——《清兵卫与葫芦》主旨新解 ・・・・・・・・・・・・・・・・ 98

高尔基：你为何而痛苦？

　　——兼析《丹柯》的主旨 ・・・・・・・・・・・・・・・・・・・ 103

第三辑　人物形象鉴赏：走近心中的哈姆雷特

拿什么拯救你

　　——关于《礼拜二午睡时刻》中“小偷”的道德评判 ・・・・・・ 109

红花还需绿叶衬

　　——《礼拜二午睡时刻》中“小女孩”的地位、作用刍议 ・・・ 116

对玛蒂尔德性格的再认识 ・・・・・・・・・・・・・・・・・・・・・ 122

《孔雀东南飞》质疑两题 ・・・・・・・・・・・・・・・・・・・・・・ 126

一个遭弃女子的悲情告白

　　——《诗经・卫风・氓》赏读 ・・・・・・・・・・・・・・・・・ 130

做个有尊严的母亲

　　——《礼拜二午睡时刻》中"母亲"形象解读 ……… 132

第四辑　表达技巧探究：欣赏一池的绚烂春色

从柔石的原名说起

　　——兼析鲁迅的曲笔深意 ……………………… 137

在层层对比、衬托中展现人物形象

　　——《炮兽》赏析 ………………………………… 144

于细微处见真情

　　——《项脊轩志》细节传情刍议 ………………… 147

《长亭送别》的美学意蕴 ……………………………… 150

略谈《阿Q正传》的讽刺艺术 ………………………… 154

也谈《祝福》中的肖像描写 …………………………… 158

在幽默风趣中显现强烈的爱憎 ……………………… 160

一曲抒写离愁别恨的千古绝唱

　　——《长亭送别》抒情艺术探究 ………………… 162

浅析《荷花淀》的美学意蕴 …………………………… 164

附：最是书香能致远 …………………………………… 167

后记 ……………………………………………………… 175

通识：就这样解读课文

　　我并不否认，教学方法、技巧对于成就一堂好课的重要作用，或者说对于提升一个教师教学能力的重要作用。但方法也好，技巧也罢，运用到具体的课堂教学，则都是要通过对文本的解读来实践和达成。语文教师自己对文本的理解与感悟，才是成就一堂好课的最重要的基础。

引　言

　　我于 10 多年前,大约是 2000 年左右吧,开始在各种语文教育杂志上发表一些有关教材赏析方面的文章。积少成多,慢慢有了一些影响。2004 年,吉林省的一家报纸《语文学习报》,有一位姓宋的编辑打电话给我,约请我在他们的报纸上开一个"教材链接"的专栏,让我写些课文解读的文章,我答应了,于是陆陆续续地写了许多人教版课文的赏析文章。用现在的话来讲,即是所谓的"文本解读"。这是我自己对课文的一些理解、感悟,选一个角度或一个切入点而成之。内容很杂,长短不一,因为写的时候是根据教材内容(即教学进度)来写的,所以小说、散文、诗歌、戏剧都有。后来浙江省启动了新课改,于是又有了外国小说、《论语》等。这样过了四五年,手头上已经积累了不少,有时静心翻阅这些文章,反思自己这么多年的写作历程,心里似乎有些话想说,有些东西想概括,也有些事想继续做下去,于是就自然想到了编辑成书和做教改项目。

　　于是我从 2006 年开始,也发动学生进行课文解读的写作活动。一开始是随意的、偶尔的、小范围的。让感兴趣的学生将课文学习过程中的所感所悟写下来,不定内容,不限字数,只要求参照我的范文,我手写我读,用随笔形式写作。这样一直到 2010 年秋季,我接手了高二(2012 届)的一个文科班和一个理科班,心里有了强烈的意识,想在这一届学生中正式进行"课文解读"的随笔写作实践和研究。于是在那年申报了一个名为"指向于课文解读的随笔写作"的学科教改项目,用一年多的时间,进行了重点研究和实践探索,后来顺利完成了这个项目,并获得了市级教科研成果二等奖。我和我的那些参与这个项目的曾经的和现在的学生,从中收获了成功的喜悦,也饱受了失败的痛苦。如今,这些都已经成为我美好的精彩回忆,也成为这次我出书的巨大动力。

从研究课文到研究课堂,从自己写到指导学生写,这是快乐的充满着成就感的过程。即使在现在,编辑、整理自己那些解读文章,反思、总结、归纳、提炼课文解读的有关方法、体会,也可谓是一种难得的学习和提高。

从写作第一篇解读文章到现在,十五六年的时光弹指一挥间。现在我把部分自己写作的文章汇集起来,编成一本书,试图让此书形成一个相对完整独立的体系,既作为课文解读的阶段性成果,又作为自己 21 年教学工作的见证,也算是人近"知天命"的礼物吧。

第一节　为何解读

语文教师的"本"是什么？是学生？是课堂？抑或是那些教学方法与技巧？都不是。我以为，语文教师的"本"是课本、文本，就是我们常说的"教材"。我并不否认，教学方法、技巧对于成就一堂好课的重要作用，或者是对于提升一个教师教学能力的重要作用。但方法也好，技巧也罢，运用到具体的课堂教学，则都是要通过对文本的解读来实践和达成。语文教师自己对文本的理解与感悟，才是成就一堂好课的最重要的基础。一个只知照搬教参和其他教辅资料的教师，是一个缺少创新能力的教师；一个有着对文本的独特理解与感悟并将之运用到课堂中去的教师，才是一个有创造力的教师、有自己教学个性的教师。这样的教师，不拘泥于现成的条条框框，敢于求新革新，给课堂以艺术的灵感，赐教学以鲜活的生命。

从客观而理性的角度而言，现在的部分中学语文教师是缺失解读文本的能力的。语文教师的照本宣科——依从教参上课的现象仍大量存在。尽管新课程背景下，课堂教学追求以"探究发现"的模式为主，但作为课堂的主导，教师自身又有几个在"探究发现"文本呢？就如当下红红火火的一些公开课、观摩课、评优课……看上去课堂轰轰烈烈，学生热热闹闹，教师潇潇洒洒，似乎都在"探究"，多有"发现"，但实质上却是走过场、演假戏。所谓的"探究发现"，只停留在浅层次甚至不探究、乱发现的层面上。华而不实，不伦不类，这类课堂解决不了多少实际问题，热闹繁华的背后折射出的是教师解读文本能力的低下：他们缺少对课文的研究和发现。古人云："弱水三千，只取一瓢饮。"试问，教师自己都没有对文本"弱水三千"，何以能在教学中让学生"一瓢饮"呢？

　　大量课堂实例说明:阅读教学中很多问题的出现,都与教师对文本缺少深入的解读有着紧密的关联;而许多成功的阅读教学,都是以教师对文本深入、独到的解读为基础的。据黄厚江老师的了解,语文教师备课中的文本解读存在着这样一些问题:(1)过程倒置。即不是先阅读文本,而是先阅读教学参考和各种资料,然后再阅读文本,甚至根本不阅读文本(尤其是自己以为熟悉的课文)。(2)有人无己。备课时会较多地甚至是大量地阅读包括教学参考书在内的相关资料,最后是各种结论充塞自己的头脑,却没有自己的阅读体验,更没有形成自己的认识和见解。(3)重心失当。即热衷于寻找所谓新的教学方法,把备课时间花在资料搜集上的多,花在构思如何教学上的多,花在教学形式上的多,花在设计练习上的多,而花在阅读文本上的少。(4)僵化少变。即一旦形成了对文本的某种认识,就很难改变,不仅不能超越自己,对其他不同的观点也常常排斥。凡是有新的说法,都不愿接受。①

　　是新课标的导向有问题,还是教师自己的教学理念、教学能力出了差错?我们不得而知。只是在应试教育的思想还浸透于社会的角角落落,素质教育的口号仍雷声大雨点小的时代,我们的语文教师也不能"免俗"——失去了语文固有的浪漫和诗意,变得理性和务实:我们只关注分数和名次,升学率和奖金;我们钻研的是题目和所谓的解题技巧;我们不再安心于研读教材,钻研教法;不再关注自身教学能力的提高和教学理念的更新。

　　语文教师要有解读文本的能力和实践,这绝不是夸大其辞,危言耸听。"能力"与"实践"是问题的两个方面。当今的语文教师中,有"能力"而不愿"实践"者有之,愿"实践"而缺乏"能力"者亦有之,而有"能力"再"实践"者,更是少之又少。教学是一门艺术,语文学科,更

---

　　①　黄厚江.语文教师的智慧阅读:谈谈语文教师的文本解读[J].语文学习,2007(10).

是艺术中的艺术。语文教学需要语文教师的智慧和创造,语文课本呼唤语文教师的探究与发现。文学是人学,常读常新,常教常新,文学能给人以丰富的教育和启迪意义。文学又是多义的、多元的,所谓"一千个读者心中有一千个哈姆雷特"。语文课堂的艺术和创造,取决于语文教师对课文解读的广度和深度。语文教师一旦热爱钻研文本,具备了解读文本的能力,就能在日常的备课中去积极探究和发现,并将这种探究和发现设计成教案,应用于课堂,生成自己个性化的有创造性的教学。我坚信,这样的教师和课堂一旦燎原,语文教学必将迎来诗和远方!

第二节　如何解读

在我看来，所谓的"解读"，并非是真正意义上的那种学术意味很重的文学评论或鉴赏，所以用"欣赏"一词来替代"解读"似乎更加切合实际情况。只要是自己对课文的理解、感悟、分析、评论……都可以算作"解读"，都是有意义和有创造性的，这就是"我的解读"。而综观古今中外，文本解读的江湖可谓"群雄逐鹿，精彩纷呈"。

一、他山之石

黄厚江老师在《语文教师的智慧阅读——谈谈语文教师的文本解读》一文中，就语文教师的文本解读提出了"三个阶段说"：第一阶段为"陌生阅读"——在全新的阅读中感受文本，形成新鲜的阅读体验，获得对文本的直接认识，积累阅读教学的"本我"资源。第二阶段是"立体阅读"——从不同维度、不同层面观照文本，获得对文本的全息解读，处理好文本阅读中多重意义之间的辩证关系。第三阶段谓"智慧阅读"——借助个性化的解读方式，获得对文本新颖、独特的理解，为高品位、高质量的阅读教学提供可能。

在我看来，黄老师的这"三个阶段"，其实就是文本解读实践中的一个由浅入深、由方法到技巧的过程，也可说是一个从"入乎其内（解读）"到"出乎其外（写作）"的过程。黄老师在文中不光分析了语文教师当前的阅读生态，更为重要的是提供了一些文本解读可资借鉴和操作的方法与技巧，这真是"与我心有戚戚焉"，所以想结合他的文章具体解说之。

黄老师认为，陌生化阅读就是"人生若只如初见"，就是"把阅读对象（哪怕是读过多次的文本）当作全新的文本对待，把曾经有过的体验和认识搁置起来,使阅读主体和阅读对象之间形成一种距离,用新鲜的阅读触觉感受文本"。是的,"陌生化阅读"就是一种"原生态阅读",作为读者尤其是作为教者,我们确实要以敬畏的心态对待课文,对待课堂,对待学生。把每堂课当作一次重新起跑,让自己站在起点线上,对课文作重新的解读。唯有如此,你才能获得对课文的新的理解,为上课找到下锅的好材料。

对于语文教师来说,陌生化阅读的难点在于旧文(老课文、教过了的课文)阅读。因为对于新文(新选入教材或之前还没有教过的课文)来说,语文教师进行陌生化阅读还比较容易,大家都会认真阅读,认真备课——不然你怎么去教学生呢。但对于已经上过了的课文,因为比较熟悉甚至非常熟悉,要进行陌生化阅读就比较困难。黄老师说:"不管是哪套教科书,都有许多文本是我们比较熟悉甚至是相当熟悉的。但熟悉文本未必利于教学,甚至就因为熟悉而没有办法突破以前的教学思路。而对于这些文本的理解,也常常定格于已有的阅读理解。"这样说来,人的固有思维习惯和天生的惰性,往往会妨碍我们对旧文作新的解读,我们缺乏这种智慧和勇气,缺少创新和创造,所以很多时候我们的课堂"年年岁岁花相似",只有学生"岁岁年年人不同"。黄老师强调说:"陌生化阅读,要求我们尽可能以一种空白的心态面对文本,要求我们在阅读之前首先将自己的认识进行'格式化'。"是的,"格式"掉已有的理解、已有的教法,用一种空白的、归零的心态去重新解读文本,这是课文解读者首先需要有的态度和立场。

黄老师还进一步指出,所谓"陌生化阅读",一是指不带任何现成的结论进行阅读。就是说,要抛弃对课文已有的认知和结论,以一种求新求异的心态去和文本、作者对话,认真倾听文字的叙述,感知文字背后的情感态度。二是指不带任何现成框子进行文本评价。有时候,我们由于受自己所接受的知识限制和缺少新的知识的及时补充,长期坚守着头脑中已有的甚至是过时的、错误的评价标准和知识体系,使自己的阅读方式和阅读行为完全僵化。对于陌生化阅读来说,破除思维的固式和追求新知的阅读,是最为重要的。三是要以读者的视角进行阅读而不是以教师的视角进行阅读。作为语文教师,从狭隘的角度说,我们的文本解读习惯于自身的感受,习惯于指向课堂教学,习惯于指向学生的学习。其实"一千个读者有一千个哈姆雷特",每个人都可以对课文作多元的解读,语文教师也需要以读者的身份和作者的身份去解读文本,这样能使我们得到更为丰富也更贴近作者和学生阅读实际的体验和收获。孙绍振先生在《还原法分析和关键词解读——解读〈从百草园到三味书屋〉和〈阿长与《山海经》〉》中,以"百草园"为例也说到阅读的视角问题:"明明不是乐园,之所以成为乐园,是因为,在这里,活跃着一颗童心,洋溢着儿童的趣味。……如果仅仅从字典意义上去理解这趣味,就是从成人意义去理解,就没有乐园可言了"。[①] 是的,对"百草园"的理解,我们确实不能以成人的视角和心态去理解的,你必须要把自己当作儿童,设身处地,身临其境,才能感受到其中的快乐。可见,对于解读的视角和路径,专家们的认知都是一样的。

对于"立体阅读",黄老师认为要从"不同维度、不同层面观照文本,获得对文本的全息解读,处理好文本阅读中多重意义之间的辩证关系"。而我的理解是,如果说"陌生阅读"只是走近文本,强调的是一种态度的话;那么"立体阅读"则是走进文本、深入文本,追求的是解读的方式和方法。也就是说,我们要在走进走深的过程中,眼观六路,耳听八方,使出自己的"十八般武艺",对课文作全方位、多角度的解读,让阅读的过程"山重水复、柳暗花明"。从这个角度去说,我们要对孙绍振先生的"文本细读法",大胆而坚决地采取"拿来主义"。

众所周知,作为文本解读方面的权威专家,孙先生以自己的亲历

---

① 孙绍振.名作细读:微观分析个案研究[M].上海:上海教育出版社,2009.

亲为,给中学语文界提供了许多经典范例,他撰著的《文本细读》,是我们开启文本解读之门的金钥匙。关于"细读",王尚文先生说:"文本细读就是倾听文本发出的细微声响。""倾听"就是对文本进行的微观分析,就是对字、词、句等言语材料进行"咬文嚼字";"声响"就是感知言语的表达手法、思想含义以及背后隐含的作者的感情、态度、价值观等,全力开掘言语的多侧面内涵。所以夏丏尊先生说:"文本细读就是要引发一种对语言的敏感。"是的,细读需要敏感,需要像林黛玉进贾府一般"时时在意,步步留心",用一颗敏感的心和一双聪慧的眼,去发现和创造。在我看来,作为读者的语文教师应该是敏感的。我们一直认为语言是思维的体操,当教师能够足够敏感,倾听到作者在字里行间的微弱声音和流淌着的情感,捕捉到了语言文字的精妙,就能到达文本细读的最高境界。

请看孙绍振先生是如何对《迢迢牵牛星》的"意境"作文本细读的:

"这个'不得语'很关键,点出了全诗意境的特点。就是感情很深沉,距离不算遥远,可就是说不出,说不得。是什么阻挡着有情人相聚呢?可能是某种看不见摸不着的障碍。当然,在传说中,这个权威的阻力是神的意志。但是,诗里并没有点明。这就使得这首诗召唤读者经验的功能大大提高了。在爱情中,阻力可能是多方面的,可能是超自然的,也可能是社会的,还有可能是情人自身心理方面的。故'脉脉不得语',有情而无言,不敢言,不能言,可能是出于对外在压力的警惕,也可能是出于情感沟通的矜持。也就是说,内心的积累已经饱和了,含情'脉脉'了,到了临界点了,而转化为直接表达还存在着一时难以逾越的心理障碍。"孙先生的赏析很能说明所谓精妙层级的文本细读,但这是当前很多中小学语文教师所欠缺的,也是孙先生的文本解读很受欢迎的根源所在。[①]

---

① 王元华.文本细读的含义与方法[J].语文建设,2018(22).

　　黄老师追求的第三重阅读阶段是"智慧阅读"，是指在阅读中不能简单地接受他人的解读结论，不停留于自己以前的解读，不依循通常的解读途径，而是能够从新的角度、新的途径，个性化地解读文本。黄老师还特地提醒，语文教师的智慧解读是立足于阅读教学进行的，其解读的新颖、独特和个性化也只是相对的。在阅读教学中，一个优秀的语文教师要追求智慧的阅读教学，就必须能够智慧地解读课文。

　　这样说来，"智慧阅读"其实已经不是阅读，而是一种文学鉴赏，是建立在前面两个阶段阅读基础上的再创造。语文教师要通过想象、联想、情感、思维、再创造等心理活动，依据个人的生活经历、情感体悟、文学素养等对作品进行艺术的加工、补充和丰富，也就是进行以二次创作为目的的审美愉悦。当然，黄老师没有让我们达成这样一种最高境界的文本解读。而是说，作为一个优秀的语文教师，如果要追求优质的课堂教学，就必须要进行基于教学实际的智慧阅读。具体而言，一是要寻求解读文本的新视角，获得对文本内涵的新理解；二是要寻求解读文本的新途径，采用新的切入方式解读文本；三是要发现文本解读的新问题，并通过问题解决形成教学的新思路。

　　这，正是我们当前已经在做和继续要做的。

二、一家之言

　　基于以上通识，我想就"我的解读"再作以下补充。

（一）明确三对关系

1. 深与浅

（1）因人因文而异

　　我们对文本的解读达到怎样的一个高度？这应该结合个体的实际情况来决定，也要根据文本内容的难易度来确定。也就是说，因人因文而异。我们不必求深求精，只要是自己真切的解读，哪怕是人云亦云,肤浅表面,也是好的。在这个基础上,慢慢加深加精,循序渐进。所以,我从不苛求自己要写出如何高深的文章,我常用必修教材中那句"慢慢走,欣赏啊"来鼓励自己。

（2）唯创新为第一

我曾经有个苦恼,就是一开始写出来的文章真的很差。后来我明白了,受制于个人实际的阅读理解水平,严苛自己写出有创见、有思想、有深度的解读文章是比较困难的。因为现实的情况是,由于时空因素,自己很多时候对想解读课文的写作背景、作者的写作目的确实难以把握界定,因为无法真实了解实际的情况,而这往往是理解一篇文章的前提。所以有时自己好不容易有的解读,却是别人早已经有了的。因此,如何发挥创新创造精神,写出自己的独特感悟,这是难点,也是关键点。弥补的办法,唯有多读书,多思考,多查找资料。特别是一有某种对文本的想法或感悟,一定要及时进行查证,现在网上什么都有。如果这个想法感悟还没有人写过,那就是一种创新创造,得赶快跟进,形成文字。我的很多文章,就是通过这种方法写成的。

2. 长与短

解读文章写得长一点还短一点? 这本来不是问题。一般而言,就自己的写作点,把它讲具体讲完整就可以了。字数是次要的,观点与内容才是根本的。简笔与繁笔,由内容而定,不能为字数而字数。在如今全民阅读的时代,要有个创新的观点确实不容易,一旦有,我肯定要将其论述得充分而具体,这既是写作所需,也是一个人研究水平和能力的体现。我相信喜欢解读的老师一定会有同感。

当然,从解读的本身看,可以分为两个层次,一是浅层次的,我谓之为"欣赏";一是深层次的,我谓之为"鉴赏"。一字之差,千差万别。按《现代汉语词典》的释义,"欣赏"指享受美好的事物,领略其中的趣味,"鉴赏"指鉴定和欣赏。具体地说,鉴赏是人们对艺术形象进行感受、理解和评判的思维活动和过程。人们在鉴赏中的思维活动和感情活动一般都从艺术形象的具体感受出发,实现由感性阶段到理性阶段的认识飞跃,既受到艺术作品的形象、内容的制约,又根据自己的思想感情、生活经验、艺术观点和艺术兴趣对形象加以补充和丰富,并运用自己的视觉感知、过去已经有的生活经验和文化知识对美术作品进行感受、体验、联想、分析和判断,获得审美享受,并理解美术作品与美术现象的活动。简单地说,"欣赏"是一种无创造的审美活动,"鉴赏"是一种再创新的审美活动。所以,从这个角度而言,"欣赏"文章常短,"鉴赏"文章贵长。

3. 内与外

（1）先课内后课外

解读的文本只限于课内,还是可以拓展到课外？这个问题也是必须考虑的。我是这样认为的:课文教了又教,读了又读,想推陈出新的机会已经大打折扣,但相关资料丰富,可参考的东西很多;课外的文本虽然陌生,但提供了无限创作的空间,只不过可参考的资料有限。所以,我的建议是应该遵循先"课内"后"课外"的顺序,由浅入深,打实基础,学得方法后,再拓展至课外文本。

（2）由模仿到创造

作为初学者,我当初一开始写作解读文章时,是先模仿着写作的。欣赏或者鉴赏,作为一种文学评论和审美实践,其实是有某种规范和体例的。所以我一直订阅《名作欣赏》这本刊物,也认真研读过孙绍振先生的《名作细读》《名作重读》等很多著作,还有工具书《唐诗鉴赏辞典》《宋词鉴赏辞典》《古文鉴赏辞典》《现代散文鉴赏辞典》。既作资料查证之用,又可参照模仿写作,一举两得。于是我明白了原来课文可以这样解读,文章可以这样写作。这种实践,很接近于书法的学习。

当然,这既好又不好,因为一开始时模仿着写作有很大的好处,但从能力发展的角度而言,仅仅会模仿是不够的,能创造才是真正的目的。所以,如何在解读时获得自己有创见的观点,这是我一直追求的目标。

(二) 经历三层境界

一是"浅入浅出"的解读,二是"深入浅出"的解读,三是"深入深出"的解读。

"浅入浅出"的解读即是对课文基本内容的理解,是谓"欣赏"。如弄清词句义、了解内容,掌握文本的基本内涵和主要信息,明白语言特点与表达技巧等,做到自己的解读能与课文作者所要表达的内容和所要抒发的情感保持一致。这是课文解读的基本要求。

"深入浅出"的解读即是对课文的精准深入理解,但收获还是肤浅的。在通过熟读、细读、深读、精读文本后,能掌握重要信息和疑难知识点,以及文章的内容主旨、作者的情感态度、人物的性格形象等,并获得个人的某些理解和感悟。这是建立在"浅入浅出的解读"基础上的"欣赏",但离"深入深出"的"鉴赏"还有一定距离,是课文解读的第二个层级。

"深入深出"的解读即是有创意的解读,是谓"鉴赏"。要在感受形象、品味语言、体验情感过程中有对文本的全新解读和独特感悟,带有阅读主体个性化的理解和创造。西方文艺鉴赏中也有一句经典的话:"一千个读者心中有一千个哈姆雷特。"文本的多义性给了读者无限的想象和创造空间。有创意的解读是最高层级的解读,这是解读必须达到的。在这一层级,教师自觉、自主、自由地调动自己的语用行为,用自己的人生经历和感悟去赏析、探究文本,去和文本作者作情感的交流和互动,从中找到双方的哈姆雷特,并创造出新的"哈姆雷特"。

以我的个人经验看,这三层境界其实与黄厚江老师的阅读"三个阶段说"也似乎大同小异。我想再强调的一点是：端正思想去爱上解读，爱上写作。要知道，阅读与写作是语文教学的全部，也是一个语文教师的全部。有了这样的认识后，你就可以在"语文"这座大山中，慢慢走，欣赏啊。你一定会是一个幸福的欣赏风景发现美的人，你也一定会收获阅读与写作带来的快乐。当然，文章是多义的，解读是无止境的，关键在于个人的创新创造。

（三）提供一己之法

　　文本解读没有定法，但有常法，也有专家通过研究、探索、实践而得出的诸多妙法。作为文本解读方面的大家，孙绍振先生曾以经典的散文、诗歌、小说为例，从真善美、脉络形式、观念、还原等角度帮我们去分析和掌握文本解读与教学的技巧。他的文本还原法、文本细读法等文本解读的方法确实值得我们每个语文老师去学习、借鉴和实践。此外，古往今来的各家各派，也都为我们提供了丰富多彩的文本解读的范例，在此不再一一列举。而从我自身的这几年的实践看，或许积累了一点感悟和经验，所以也想不吝浅显，作如下介绍。

　　咬字嚼词：解读首先从字词开始，这是基础和前提。课文解读中，首先应抓住语言文字，开展感知、分析、体悟等欣赏活动。作品中那些"意义和情味"同作者的旨趣相同的语言文字，是情感的载体，阅读时，应抓住这些语言材料，在认知的基础上，领略语言文字所传达的丰富情感，从积极的情感体验中收获。如：伟大作家鲁迅的作品中就有大量的、能表达他的"旨趣"的语言文字。这些语言文字，平凡简练而又深刻隽永，可谓光彩奇异。《药》中仅拿钱的动作就很耐人寻味。悲剧人物华大妈，清楚钱就放在枕下，却"在枕头底下掏了半天"。华老栓明知钱已装在口袋中，又重重地"按了两下"。一"掏"一"按"，尽现穷人攒钱的艰辛和对血汗钱的珍惜，也传达出老栓夫妇对"药"能治好儿子病的殷切期望。而对于刽子手康大叔，则用"抢"

"扯""裹""塞""抓""捏"等动词淋漓尽致地刻画出其野蛮贪婪、残忍凶暴的特点,且作者对其的痛恨憎恶之情也尽含于这些词中。我们若能抓住这些语言文字,发掘人物的内心世界和性格特征,并进而感受不同人物的动作所折射出来的不同情感,这就是解读的心得和收获了。

析句赏文:在字词的基础上,进而理解、欣赏句子、段落和篇章的思想内容、意蕴内涵、技巧手法等等,这就打开了解读的广阔天地。实际上,我们平常所谓的课文解读,就是解读这些方面的内容。在我看来,名家名作,常读常新。我们教学的每篇课文,再怎么样,也是千挑万选才进入教材的,都应该是美文佳文,都有可供解读和欣赏的点。只要你有一颗敏感的心和一双会发现的慧眼,我们都能收获成功。试举三例:

《师说》为经典课文了,我上学的时候就学它。每读课文,我总有感于"师者,所以传道受业解惑者也"这句话。韩愈为何要给老师下这个定义?针对当时"师道之不传也久矣"的社会,韩愈以一个"传道者"自居,希望通过自己的身体力行,恢复师道,改良社会。所以,韩愈对老师充满了期待也寄予厚望。文章虽然有对"童子之师"的批判,但主要内容似乎在批判"耻师"的种种不良现象。实际上,细读课文,我们不难发现,文章虽是为鼓励一个 17 岁的孩子学"古文"而作的,也许还有作者自己那么一点儿自鸣得意(得意于李蟠"不拘于时,学于余")的味道,但主要的内容却是在论述自己的"师道"思想:老师的标准、老师的职责任务、师生关系。这种"师道"思想即使在今天看来也具有进步作用和积极意义。于是写成《问韩愈:何谓"师道"?》一文,发表于 2009 年第 1 期《语文教学研究》。

备课《林黛玉进贾府》,我按常规阅读、预习课文,任务是解决生难字句,概括主要情节,熟悉贾府环境,初步感知情节和形象。一遍下来,发现贾府太大了,这么多建筑,这么多房子和花园,还有这么多人物,读得我晕头转向,你说林黛玉能记得清楚吗? 我看得先给她请个导游。于是设计了一堂活动课——"给林黛玉做一回导游"。我让学生找出文本中所有关于林黛玉行踪的语句,画画贾府的平面布局图,概括各处建筑的特点,然后用自己的话进行归纳介绍,要求写成导游词,让学生给林黛玉做一回"导游"。结果学生很感兴趣,个个仔细阅读文本,找行踪,画图画,写导游词,概括各处建筑的风格特点。上台介绍时居然有模有样,有点儿"导"的味道。这节课,自然在"寓教于乐"中成功结束。据此写成《给林黛玉做一回"导游"》一文,发表在《语文学习》2005 年第 1 期。

教学老舍的《想北平》,心中总是在怀疑:作者真的只是"想"北平么? 这"想"的背后有没有深刻的内涵呢? 一番查证后,发现想的背后是老舍对北平安危的深深担忧,而这恰恰体现出像老舍这样的 20 世纪二三十代的作家的民族良知和时代忧患。《问老舍:你究竟在想些什么?》就应运而生,发表于《语文教学通讯》2011 年第 9 期。

质疑创造:课文解读与欣赏需要你大胆质疑的精神与不惧权威的品质。古人说:"书读百遍,其义自见。"又说:"奇文共欣赏,疑义相与析。"西方文学欣赏中也有一句经典:"一千个读者心中有一千个哈姆雷特。"诸如此类,都告诉我们,文学是多义的,文章是可以多角度解读的。名家名作,常读常新。我们不能拘于教参,迷信权威。阅读是个人的事,是精神的旅程和情感的交流。我们需要有一种自主性,更需要有一种创造力。用心感悟,敏锐发现,你才会有自己的阅读收获。

教学《孔雀东南飞》,我正引用清代沈德潜对刘兰芝兄长的评价:"小人但慕富贵,不顾礼义,实有此口吻。"分析刘兄的性格,说他"性行暴戾,趋炎附势,见利忘义,尖酸刻薄,冷酷无情……"但潜意识里我总觉得刘兄好像没这么坏。于是再三细读课文,我慢慢悟得:兰芝被休回家,在封建社会中,是很被人瞧不起的事,是不光彩的事。如果说,焦仲卿能带给兰芝以幸福,兰芝能再回焦家重享美满之生活,她哥哥这种"不嫁义郎体,其往欲何云?"的逼婚当然是十万个不对的。可是,焦仲卿不能给兰芝幸福,焦母也不会与兰芝和好。所以,我认为,她哥哥要兰芝再嫁,不能说是"趋炎附势,见利忘义",倒应是真心在为妹妹的生活着想,替她寻找幸福。那么,问题的关键是焦仲卿会不会去接兰芝?兰芝回家后能不能与婆婆和好?我于是再精读课文,查阅资料,得出如下结论:

一、焦仲卿在与兰芝分手时的"誓不相隔卿,誓天不相负"的誓言,仅仅是一种口头的安慰与不可实现的虚假承诺,因为孝顺、听话、胆小、懦弱的府吏,不可能说服母亲改变态度,即使兰芝重回焦家,也是再受婆婆的虐待,再被休回家。在这种情况下,与其让兰芝守着这虚无的爱情,去重续这根本没有幸福可言的痛苦生活,还不如答应人家县令、太守之类人家的求婚,倒不失为一条新生的路。再退一步说,兰芝这种被休女子能得到如此厚遇,在那个社会中,不能不说是一次新生的机遇和一种人生的幸运。于情于理,刘兄的做法都有一定的现实积极意义。

二、从刘家的情况看,其应该是富甲一方的大户地主人家。刘兰芝"十三能织素,十四学裁衣,十五弹箜篌,十六诵诗书",自小受到各方面良好的教育,这是有钱人家的做法。她嫁到焦家时带去了很丰厚的嫁妆,这更说明了其家殷实的家底。还有,刘兰芝严妆时华贵的穿着打扮,其在娘家"移我琉璃榻"的不一般的闺房,都充分说明刘家的富有。受汉魏时期"门当户对"的婚姻观念的影响,当初焦刘两家的结亲也是遵循了这一法则的——焦仲卿是庐江府小吏,焦家也算一个官宦之家。那么,这次刘家与太守家结亲,也是这种"讲究门第"的正常而自然的普遍做法,后人有什么理由要给刘兄贴个"趋炎附势、见利忘义"的标签呢?

由此看来,刘兄的做法应有其现实的合理的一面。

将以上内容写成《刘兄真的那么可恶吗?》一文,发表于《语文教学之友》2005 年第 7 期。

　　阅读鲁迅的《祝福》，心中闪过这样一个问题：祥林嫂后来为何不叫"老六嫂"？是呀，小说中只提到她嫁给了卫家山的卫祥林，所以大家都叫她"祥林嫂"，这是封建社会的习惯称呼。可后来祥林嫂再嫁给贺家墺的贺老六时，为什么人们没有按习俗叫她"老六嫂"呢？是作者的一时疏忽，还是另有深意？看来，问题虽然细微，但我以为搞清楚这个问题的来龙去脉，并以此作为教学的切入点，展开全文的教与学，对于把握祥林嫂这个人物形象，理解小说的主题和悲剧意义，了解有关封建社会的礼教思想、贞节观念，应该会有一定的帮助与好处。于是写成《祥林嫂能叫"老六嫂"吗？》一文，发表于《语文教学之友》2007 年第 9 期。

　　这里，我用自己的质疑，反复研读，取得了意想不到的效果。所以，平时的课文解读中，应该大力发扬这种质疑精神，并进行大胆的创新。古人云："处处留心皆学问。"或许这种质疑创造精神，就是我们课文解读的催生剂和助推器，它能优化你的教学，丰富你的课堂。

第三节　解读收获

一、心得体会

（一）要养成勤于阅读和练笔的习惯

语文教师要勤奋勤快一点，不能拿《教参》作拐杖来走路，不能搬他人的教案来复制自己的课堂。勤于阅读，乐于写作练笔，多思多想多积累，是课文解读的必备之功，也是作为一个语文教师的日常工作所需。阅读与写作，是密不可分的亲姐妹，以读助写，以写助读，互动发展，一定能读出自己的天地，一定可写出自我的感悟。阅读在于平时的积累，写作也基于阅读的吸收。课文解读需要教师去认真思考、分析、发现和创造，用手中的笔抒写自己的阅读所得。每天读一点，写一点，感悟一点，长久坚持，慢慢积累，就能功到自然成。

（二）学会在模仿中创新

说语文教师不会课文解读，不会写欣赏文章，那是假话。每个语文教师都能说会写，只是在具体的写法上，可能有些老师会不清楚。因此，模仿别人的文章，借鉴他人的经验，也不失为一种好的快捷之法。比如写欣赏文章，可以参看《古代小说鉴赏辞典》《唐诗鉴赏辞典》《散文鉴赏辞典》等权威工具书中收录的大家文章，以了解其写法和特点。明白之后，可学着进行写作，三言两语，一段半篇，慢慢练习，天天向上。如同名家学书法临帖子，在模仿中慢慢创造创新，自成一家，这就成功了。（此点其实在前面"内与外"部分中已有论述）

（三）用心生活，要有一双发现美的眼睛

俗话说得好："巧妇难为无米之炊。"课文解读如同巧妇做炊，无米难以下锅，没有解读中的发现和个人的独特理解，也同样难以做炊，或者做的炊他人早已做之。因此，培养自己用心观察，用心阅读，用心发现的解读态度，练就一双发现美的慧眼，像林黛玉一样，"时时在意，步步小心"，当是课文解读者的应有习惯。罗丹说："生活中不是缺少美，而是缺少发现美的眼睛。"作为文学经典的课文，自是各类作品中的范本，定有许多可以解读值得解读的地方，关键取决于我们有无一颗敏感的心和一双观察力超群的眼睛。

二、成效收获

关于解读文本带来的影响收获，我想从学生层面作些阐述，这比我自己"黄婆卖瓜——自卖自夸"要好得多。我当初进行"指向于文本解读的随笔写作"这个教改项目，前前后后有很多学生参与，所以印象特别深刻。虽然与本书内容体系有些偏离，但还是觉得以学生的真实案例来阐述，这样更具体可信。学生如此，何况是我们教师呢？

（一）阅读状态的改变

通过那次教改项目活动，我明显感受到了学生在阅读方面相比于以前的变化，这种变化概括起来大致有三个方面：从被动走向主动、自浅层进入深层、由动嘴改为动笔。

且让我们看看下面这几个学生的感慨：

①从小到大都在读书，看书，但到底阅读是怎么一回事？至今都不是很清楚。只知道翻开书本看就行，只知道按老师的要求看就行，只知道根据老师开列的书单去看就行。现在我才知道，以前的这种

所谓的"阅读"其实是一种"被阅读"——我为别人而看书,不为自己而阅读。真是有些可悲了。总算现在及时醒悟了,也算是不幸中之大幸了。(金楠)

②我最头疼的莫过于写这个欣赏文章了,真是赶鸭子上架,难为我了。以前的读书只知一目十行地看,走马观花,看过忘记,哪能有自己的理解感悟呢?尤其是那些诗歌、《论语》,看都看不懂,不要说欣赏写作了。但在水哥的指导下,尝试着读写,坚持着读写,现在居然也能看懂一点,写作一点了。耶!为自己鼓掌!为这个活动鼓掌!也为水哥鼓掌!(孔吉豪)

③文本解读解什么?我以为就如同"疱丁解牛"。解读文本的过程,就是一个解牛的过程。我们必需要像疱丁那样"依乎天理,批大郤,导大窾,因其固然"——在阅读中找到自己对文本的理解点、感悟点,从"目有全文"到"目无全文",这才是真正的解读,真正的欣赏!然后因之成文,写出一千个读者心中不同的哈姆雷特。这才是文本解读的真正归宿!所以,读书不能仅仅是动嘴,更应是动手,动脑,这才是阅读的本质!(胡晓迪)

以上三个学生的话可以代表大多数学生的心声。确确实实,从小到大,我们的语文老师从来没有要求过学生去主动阅读,去解读文本。小孩子能自己看看书就已经很不错了,很多还是被动的,是为老师、家长的要求而被逼看书的。所以,从这个层面去看,"指向于文本解读的随笔写作"这个活动,首先解决了一个阅读的意识或者心态的问题。这种由被动转向主动的阅读,目的是为了追求阅读的收获,是为写作而阅读。一旦养成了这个习惯和能力,对学生的一生成长都是很受用的。

有了这种主动阅读的意识和习惯后,你才会有目的地去读,去发现,去找寻欣赏点,去构思解读的角度和方向。这就是一个从浅层走向深层的过程,这个过程可能会比较漫长,也一定会非常痛苦,但只要长久坚持,厚积薄发,一定能柳暗花明。

从当时两个班的实际情况看,我欣喜于学生的这种阅读观的转变。从刚开始的寥寥几人的偶尔应和,到后来大部分学生的普遍写作,这种"阅读——写作"的良性互动已经成为一些学生的常识和常态。从某种角度来说,也在一定程度上促进了班级良好阅读氛围的形成。当然,两个班的差别还是明显的,因为我是(3)班的班主任,该班的学生自然会听话些,而又因为是文科班,多少对写作和阅读有点儿兴趣,而(13)班只是任课班又是理科班,有些布置的任务就不能认真完成了。

(二)阅读能力的提升

只要能认真配合这个活动,按我的要求去做的学生,阅读能力的提升自然是水到渠成的事。尽管这个阅读能力是个难以评价的东西,它是人的思维能力的内化,似乎难以直观显现,也难有显性的直观的评价标准,但通过一年的活动,我还是感受到了学生在阅读方面的一些变化,以及由此带来的他们在考试做题、解读欣赏和参与绍兴市教育局主办的"绍兴市中小学书香校园读书活动"中的相关表现。下面作些简单的分析。

一是分析考试做题的得分来评价。

我这个人不太喜欢数字,尤其是考试中的那些分数。我只是大致比较了一下两个班级在"高三上学期期末统考"和"市一模考试"中有关"文学作品阅读题"的得分情况,发现在班组整体得分和学生个别得分上,后一次考试得分比前一次有小幅进步;还有是和兄弟班级作了个粗略比较,也是类似的结果。两次比较,虽然差别很小,个别班级、学生还有超越之势,但总的来说,还是有一定优势的。我不能说这就是两个班级阅读理解能力和写作能力提升的明证,因为考试是有偶然性的,阅卷评分时也有这样那样的问题。但两次考试两次比较都呈现同样的结果,多少还是有些说服力的。

二是随着课内外阅读量与质的持续增加与深入,学生对阅读的本质有了新的认识。

我们班级开设有"图书角",里面有许多学生自己从家里带来书籍。这一年来,我惊喜地发现,图书角里的图书在不断地多起来,从原来的几十本到最高峰时的 200 多本,人均近四五本,而从学生的随笔中挑选出来编印而成的"文本解读专辑"则印了 4 辑,我们班级也因此被绍兴市教育局评为"绍兴市书香班级"。

从学生个体来说,他们对"阅读"的本质有了可喜的认识。这种认识是全新的、深入的。我以为,要让阅读成为学习的一部分,生活的一部分,成为学生自觉自主的内在习惯,让书香真正永驻学生的心间,关键是转变学生的思想。任何事情,只有思想上认识清楚了,才是真正的心服口服,才能从心底里爱上它,乐意去认真做它。且看我班的"网络作家"的心里话吧。

阅读伴我成长

高二(3)班　章旖媛

我姓章,"文章"的"章"。也许是巧合,我爱看文章,如同我爱这个上天赋予我的姓氏。

小时在异乡生活了 9 年,最爱读的是鲁迅先生的文章,因先生是绍兴人氏,我便对自己的故乡更加自豪,对先生的敬意以及那份乡愁也时常充溢着我的内心。

小学的时候,我除了读鲁迅先生的文章之外,主要是阅读儿童文学书籍,例如冰心先生的散文以及冰心儿童文学奖获奖丛书(收集了 7 本,现在还时常翻阅)。

回到绍兴后,我接触到了更多绍兴文人的著作,在惊叹绍兴人才济济之余,深感阅读的重要性——

读鲁迅先生的《狂人日记》,我懂得了倘不去追寻,就不会有真正的觉醒;倘不真正的觉醒,便不能质疑强者的权利;倘不质疑强者的权利,便仍旧要吃人。

读蔡元培先生的《中国伦理学史》,我了解了中国古代伦理思想发生、发展及其变迁情况。

读范文澜先生的《中国通史简编》,我丰富了关于各个历史时期的历史事实与历史人物,中国社会发展的基本规律的知识。

绍兴文士,令人赞叹又惋惜,为什么没有和他们生长在同样的时空呢……

而每当读柯灵先生的《乡土情结》,我又对故乡怀着深深的爱恋。

开始大量的阅读是在初二时,为了拓宽知识面,不局限于课本,我开始了漫长的阅读之旅,尤其是在物理与文学艺术方面——

像霍金先生的《时间简史》之类物理学方面的书籍,虽不深奥却也费了我一番工夫,而他所著的《果壳中的宇宙》,生动有趣,简明扼要,可读性很强。许多物理书籍都配有便于人们理解记忆的插图,这点非常好。每每拿起它们,我便醉心于其中,感慨宇宙的浩大,万物的渺小,思考生命的意义与价值——爱因斯坦的著作中也曾提及,人生的价值在于将自己所学习到的知识运用于实际,回报社会。

文学性强的书籍很多,我最爱读的是林清玄先生的散文。他的这些书,例如《在云上》《情的菩提》不仅语言优美,带有很强的文学性色彩,其内涵也很丰富,并结合了佛学中的"禅",让人读了不由心静,我不得不赞叹林清玄的文字是安抚人心灵的良方。

由于家中的经济条件有限,我一般都采取借阅的方式阅读。亲戚家里有的中外名著我都借来阅读,不知疲倦。唯一的遗憾是没有能拥有自己喜欢的名著,不能直接在借阅的书上做批注,加深印象与理解。

中考时期的那段日子，我的阅读量几乎达到了一个前所未有的高度，阅读与适量的体育运动成了我考前放松的全部方式，那一年的阅读量破亿。

高中时期，特别是水哥让我们阅读、写作，我于是保持着平均每天最少10万字的速度阅读书籍，来源和范围都比较广泛，这些书籍中不乏名著，看似晦涩或普通，多阅读几遍之后，能给人以深思，这正是为何它们被人们推为经典的原因，例如但丁的《神曲》、塞万提斯的《堂吉诃德》、普鲁斯特的《追忆似水年华》、阿加莎的《东方快车谋杀案》、麦卡洛的《荆棘鸟》、泰戈尔的《吉檀迦利》。如果读完感觉十分喜爱，我会写文本赏析，必要的话会去书店或网上买书。

当然，当代阅读写作中，一些不良现象依然存在着，譬如作者写手们的炫富情节，某些抄袭的行为。所以在阅读过程中，我们一定要擦亮眼睛，挑选好作者，选读优秀作品。

阅读，是种非常棒的体验，希望有更多的人加入到阅读的行列中来，享受阅读，享受生活的点滴精彩。

而我阅读之外的生活，则是进行创作。如果说阅读丰富了我的思想，积淀了我的创作素材，那么写作，就是我抒写阅读心得，提升表达能力，拓展创造空间的最好途径。从初中以来，我在"晋江文学网"和"露西弗俱乐部网站"上开设了个人创作专栏，尝试着进行小说创作。由于缺乏生活积累和人生阅历，我只能写一些校园小说和悬疑小说，同时也试着写一些欧美风格的现代小说。说实话，一开始只是为了好玩，为了新奇，没有想到的是，写着写着，我竟不知不觉地陷入其中不能自拔。而相应的是，我在这两个网站上发表的小说，竟也得到了许多网友的喜爱和追捧，这是我始料未及的，却也给了我无限的信心和写下去的动力及决心。这五六年来，特别是开展活动一年多来，我陆陆续续地写了一些长篇或中短篇小说，也写了一些诗歌，如果不是为了高考，不是因为活动的结束，家人反对我这样拼命地阅读与写作,将时间都花在了这方面,没有认真对付功课,不然,我还是会一如既往地读下去,写下去的。

算了,识时务者为俊杰。此一时彼一时也。那就暂且和心爱的读书、写作生活说再见吧——等我上了大学,再和你续缘吧。

这个在"晋江文学网"和"露西弗俱乐部网站"上发表了大量网络小说的腼腆女生,向我们真实道出了她关于阅读,关于创作的个人想法。我想,一个教改项目能培养出这样一个成功案例,已经是难能可贵的了。

三是体现在学生对文本的分析解读中。试看下面这几个片断:

①这首词通篇采用问答形式,以问起,以答结,刻画了词人悲难平、恨相续的心理活动。

上阕写词人在秋月之夜,登楼远望,引发对故国的怀念。首句"春花秋月",人多以为美好,可是过着囚徒般生活的李煜,见了反而心烦,面对春花秋月的无尽时,不由感叹人的生命随着每一次花谢月缺而长逝不返。年年春花开,岁岁秋月圆,什么时候才能了结呢? 问天天不语,转而自问,"往事知多少"。自然界的春天去了又来,为什么人生的春天却一去不复返呢?"小楼昨夜又东风,故国不堪回首月明中。"东风带来春的讯息,却引起词人"不堪回首"的嗟叹。夜阑人静,幽囚于小楼之上,倚栏远望,对着那一片沉浸在银光中的大地,多少故国之思,凄楚之情涌上心头。

下阕抒发了作者怀念故国的悲痛之情。"不堪回首"毕竟还是回首了。回首处"雕栏玉砌应犹在,只是朱颜改"。想象中,故国的江山,旧日的宫殿都还在吧。可是江山易主,怀想时,多少悲恨在其中。"只是"二字以叹惋的口气,写出了物是人非的无限怅恨之情。最后,词人满腔幽愤,对人生发出彻底的诘问:"问君能有几多愁? 恰似一江春水向东流。"以水喻愁,显示出愁思和春水一样,汪洋恣肆,奔放倾泻;又如春水之不舍昼夜,长流不断,无穷无尽。

国家不幸诗家幸,话到沧桑语始工。作为一个国君,李煜是失败的,但作为一个诗人,"词帝"的称谓绝不是后人随意冠给他的。

——江伊蕾《叹回首三更故国,江山欲说还休——〈虞美人〉赏析》

②再看,作者年幼丧母,怕是连母亲的模样都记不清,更不用说感受母爱了。但当老妪谈起当年的母亲,如何关切自己的姐姐时,仍是泣不成声。这是因为在老妪的话中透着他渴望的母爱,如此之深厚,令他动容。纵使只是一乡间老妇在诉说一件日常琐事,细敏的作者也捕捉到了母亲当年焦虑的心情和毫不掩饰的爱。因为娘一听到姊的哭声,便以指叩门扉问,孩子冷吗,饿吗。当年的小姐不能进丫鬟的房间,但她心里焦急,便伫立门外,倾听内里,焦急询问,而不是过耳不闻,过而不问。这是母亲心中自然的反应,更是感人至深。

而最令人深思回味的,便是文章的最后一句:"庭有枇杷树,吾妻死之年所手植也,今已亭亭如盖矣。"妻子死之年植的枇杷树,如今已是郁郁葱葱。物是人非,岁月沧桑之感立马显现。如今睹物思人,却已人面模糊,只余当年植树时的辛酸悲苦仍绕心间,越沉越深,令人深陷其中,无法自拔。

语未至而情已到,句未明而情已深。作者以细节寄托情感,细微之处见真情,这种三步两回味的文章,实在是淡而不俗、绕人心间。

——胡晓迪《语未至而情已到——读〈项脊轩志〉有感》

③且先谈谈文中这位神秘的渔父吧。渔父即渔翁,本是靠打渔为生的粗人,却一语"子非三闾大夫与?何故至于斯"洞穿了屈原纠结的内心——有如此洞察力的人,必定是经历了尘世的纷扰,看破红尘,最终归隐的隐者。当屈原一句"举世皆浊我独清,众人皆醉我独醒"释放他高尚情操时,渔父没有惊叹,没有赞扬,却似一位德高望重的老者,向屈原释透所谓"圣人"的真谛——"不凝滞于物,能与世推移"——真正的圣人如屈原一样保持高洁的品性和情操,但更为神圣的是,真正的圣人追求的是一种伟大的人生境界——自由,洒脱,无

拘无束,随遇而安——真正的圣人不是为生存而生存,而是为了人生的价值而寻觅。所以圣人要摆脱的不是人间苦难的困境,而只是这个名钩利锁、欲望膨胀的社会。于是隐匿山水,避世间之尘埃,享山水之宁静。这,大概是渔父自身的写照吧,若屈原是勇者,敢为真理献身;那么渔父更为智者,升华着自己的灵魂。

——谭小龙《无言的隐者——读〈渔父〉有感》

④子曰:"君子之交淡如水,小人之交甘若醴;君子淡以亲,小人甘以绝。"就是说君子的友谊淡得像清水一样,小人的交情甜得像甜酒一样;君子淡泊却心地亲近,小人甘甜却利断义绝.

因君子有高尚的情操,所以他们的交情纯得像水一样。这里的"淡如水"不是说君子之间的感情淡得像水一样,而是指君子之间的交往不含任何功利之心,他们的交往纯属友谊,却长久而亲切。朋友之间的友谊是一种相互的信任和生活所带来的平淡后的宁静和幸福,"淡"是生活的味道,也是时间验证的朋友味道;最主要的是"淡"如平静的水,而不是汹涌的波涛。真正的朋友之间不需要有大风大浪一样的日子,能够和气、平安、健康、快乐、珍惜、信任,像水一样的清澈透明的友谊足矣!

——钱叶萍《解读"君子之交淡如水"》

⑤展开历史的画卷,一个诗人背着双手站在船头,望向远方,眼神一片凄迷。这不是那个淡妆浓抹、乘风归去的苏轼,也不是密州出猎的苏轼,而是被贬黄州大难不死的苏轼,他没有了文坛的春风得意,有的只是自省:我到底做错了什么?

是的,他到底做错了什么? 连在被官兵押解的途中他还不知道为什么要被抓,不知半点起因。他当然不知道,在他背后有那么多妒忌他的才华,想置他于死地的小人,从他的诗入手抓他的罪名:"道旁苦李"是说他自己不被朝廷重视,"小人"是讽刺当朝大人,去钱塘江看潮写下"吴儿生长狎涛渊",竟说是在影射皇帝……一切都是那么荒诞无稽。如此大胆联想的目的只有一个:在苏轼与皇帝之间挑拨离间,制造一些莫须有的罪名强加于苏轼身上。于是,他知道自己错在哪了,或许才华不该外露。如此,只能把错归结于自己的才华横溢,这是他的无奈也是他的悲哀。脱去官服,回归清纯和空灵,驻足于黄州这个穷乡僻壤,过一种自然艰苦但淡泊的生活,便是他唯一的选择。

他去了,以被流放的身份。在这么一个没有人烟的地方,有的只是寂静相随,却是静定的,远离了尘世纷扰,独自在黄州这个小镇,沉浸于自然之美,深入体会。黄州成了他的驿站,为他洗净了内心的浮躁嘈杂,洗净了他的灵魂,脱胎换骨之后的他真正成熟了,成熟于一场灾难之后。

原以为这是一个多么凄惨的悲剧,一个大文豪就此埋没。但是,否极泰来,恰是这次磨难造就了一个脱胎换骨的苏轼,他的艺术才华更上一层楼,在自然与宁静中得到了升华。可喜可悲啊。看来"天降大任于斯人也,必先苦其心志,劳其筋骨,饿其体肤",一点儿没错。

感谢黄州,在这样一个历史的暗角中为他开辟了这方天地来避难;感谢黄州,如果没有你,就没有《赤壁怀古》与《赤壁赋》的诞生。

天妒英才,所以才让东坡经历了如此多的磨难。但话说回来了,如果没有这些经历,他也许成不了苏轼。

人生的不幸是东坡的不幸,却是文坛的大幸!

——王浅雨《历史的暗角——读余秋雨〈苏东坡突围〉有感》

上述这些片断都来自学生的随笔欣赏。无论是对李煜词的赏析,对楚辞《渔父》的理解,对明代散文的解析,还是对《论语》的解读,都体现出学生一定的分析理解能力。尽管分析不是很深入,观点不是很新颖,表达也不是很老练,但不管怎么说,是"写出了自己的诚实的话"。这是他们自己对课文的理解与感悟,这种理解与感悟证明了他们是在用心读书，用心分析，用心思考，用心写作。而且，这种用心已经从课内走向了课外，从被动走向了主动，从浅层走向了深层。从文章的体例看，不仅有欣赏文章，还有读后感等。这样的结果是我所梦寐以求的，这让我非常欣慰。

（三）写作水平的提高

关于这些活动是否促进了学生实际的写作水平，这个问题我不敢完全自信地说"是"，因为写作本身是个综合的智力运动，且也难以直观地评判。但我明显感受到，学生在下面这些方面的改变。

在设想这个活动之时，我就想到，学生会碰到两个难题：一是"阅读"；二是"写作"。说实话，在应试教育名亡实存的今天，学生的眼里只有试卷，学生的笔下都是题目，他们不会拿眼睛去阅读在他们看来毫无实用价值的书籍，包括语文书；他们的随笔也不会去写作对高考无用的欣赏文章。如果说要看，他们只会看一些高考必背课文；要写，他们只会写一些应试作文。对于写欣赏文章，对他们来说，实在是前无古人，后无来者的事。

学生不会欣赏与解读，这是事实，所以必须要进行指导。如何指导呢？既要讲如何写欣赏文章的一般"通识"，也要教专题欣赏的技巧。

指导1：

欣赏文章不同于一般的随笔。同学们平时随笔多写的是记叙文、散文，与阅读有关的多是写读后感。欣赏文章在写作思路、语言表达、内容观点方面自有要求与特点。

一般而言，语言表达上要采用夹叙夹议的方法。因为既然是欣赏，就必须要有自己的观点，还要有材料。这里的观点，就是你对这篇文章的某一方面的看法或评析；这里的材料，就是你所欣赏的这篇文章中能为你所用的相关文句或资料。因此，你的欣赏文章中，必须要有原文和相关资料的"不完全引用"。

写作的思路或模式一般是：

开头，整体感觉或认识→切入主题（或话题）；主体，采用分析、评论、欣赏、推理等基本模式，引用材料进行论述；结尾，总结，点题，呼应开头。

上述范式具有很强的操作性，下面以朱自清先生的《荷塘月色》为例，来说明演绎一下模本。

《荷塘月色》语言特色模本演示：

本文成功地描写了荷塘的月色和月下的荷塘，于景色描写中寄托着自己的真情实感，（整体感觉或认识）这种成功，很大程度上得益于他对语言的巧妙运用。（切入主题或话题）

文章既有平白如话，毫无雕饰之感的文字，更有精心"择炼"的遣词用字。（观点）如点活了月光和雾气的"泻""浮"二字，把量词活用为形容词的"一丝""一带""一道""一二点"，等等，（例子）都生动地起了丰富、润饰、强化形象的作用。（评价或效果）叠字的运用不但传神地描摹出眼前的景象，而且使文气舒展，给人音韵和谐的美感。（观点）如用"田田"形容荷叶的密度，用"层层"刻画荷叶的深度，用"曲曲折折"表示荷塘的广度，用"蓊蓊郁郁"极写树木的繁茂，（例子）都产生了鲜明的实观效应，同时，读起来有节奏明朗、韵律协调，有音乐美的感觉。（评价或效果）

总之，《荷塘月色》中优美的艺术境界就是通过这种高质量的语言来完成的。（总结）

上面例子可以看出，只要你对所提供的欣赏材料有一定的感知，具备一定的欣赏知识，欣赏性短文的写作并不困难。那么，在掌握上述模本（范式）的基础上，注意下面的相关应试策略，就一定能写出优秀的欣赏文章。

1. 大处着眼,整体把握

鉴赏评价能力是文学作品阅读中最高层级的能力,鉴赏评价能力的形成是以识记、理解和分析综合为基础的。因此,鉴赏文章的写作就必须从大处着眼,整体把握。尤其要理清文章的行文思路和结构,把握文章的内容和主旨。

2. 据文体特点,抓切入口

大家都知道,散文的特点是形散神聚。但仅仅停留在概念的层面上是远远不够的,更重要的是要能根据这一特点,寻找最适合自己鉴赏的切入口。例如,明确散文所叙之事、所写之景、所抒之情和所含之理,并清楚景与情、事与理之间的关系;把握散文"形"与"神"的关系,找出支撑散文"形散神聚"特点的文眼和线索,顺藤摸瓜,透彻理解文意等。

3. 抓关键词语,品关键语言

揣摩散文语言,可以通过对关键词语、关键句子的品味去感知散文的意境和作者的情感,去挖掘文章的隐含信息和深层意思,同时,我们还可以根据作者的不同语言风格领悟文章的语言之美。语言是思想的载体,品透了语言,也就参悟了文章的思想,领略了文章的情致。

4. 挖掘美感因素,了解表达技巧

鉴赏的核心是审美,挖掘出作品中的美感因素,就获得了美的享受。散文在表达方面的技巧,都是散文作品中的美感因素。例如,叙述的详略与虚实、描写的粗放与细腻、抒情的直率与含蓄,以及渲染、衬托、象征、比喻、对比等艺术手法的运用等。只要对这些美感元素有充分的了解,你就能开启鉴赏之门。

5. 根据鉴赏要求,筛选整合信息

在上述四个方面的基础上,就是认真地阅读和领悟写作要求,筛选和整合信息,组织语言进行写作了。在具体写作时,一定要抓住问题的核心,紧扣写作要求进行思考,切忌无的放矢、漫无边际。不管是鉴赏还是评价,都不要脱离语言材料,力求做到恰如其分、说准说好,防止无中生有,避免高谈阔论。

文章鉴赏的工作无外乎思想内容、结构特色、表现方法和语言特点等,考前训练如果能从这几方面认真扎实地进行,就一定能收到很好的效果。

——朱水军《如何写作欣赏文章》

这个就是指导学生掌握欣赏文章写作要求与规范的"通识"。而下面的就是专题欣赏的技巧指导。

指导 2:

如何鉴赏古代小说呢?从品味语言入手,把握作品中典型人物的典型性格和典型形象,不失为一种好的方法。具体而言,可从以下几点入手:

1. 把握身份地位,品味语言。

言为心声。俗话说得好:"什么样的人说什么样的话。"不错,个性化的语言很能见出人物的性格与个性。不同身份、地位的人,说的话自然也是不同。贾母是贾府中的最高统治者,只有她可以大哭大笑:"(林黛玉)方欲拜见时,早被他外祖母一把搂入怀中,心肝儿肉叫着大哭起来……"王熙凤处在一人之下万人之上的地位,所以才敢在来见黛玉时,还未入屋,就放肆大笑。再看那些梁山好汉,一群落魄英雄,吃的大块肉,喝的大碗酒,说的大粗话,一个"鸟"字不离嘴边,却显出他们豪爽、侠义、勇武的个性。我们因此没有轻视他们,反而敬重他们的英雄本色。

2. 感受环境氛围,品味语言。

文学鉴赏中有一句经典:典型环境中的典型人物。不错,小说中的艺术形象具有典型性,因为他们是现实生活的集中、艺术的反映。这种典型性,一包括性格,二包括人物语言。有时候,在什么样的环境、氛围下说什么样的话，该说什么，怎么说，达到怎样的效果，这也很要紧。"看菜吃饭，量体裁衣"，"到什么山上唱什么歌"，等等，其实说的都是这个道理。林黛玉寄人篱下，虽是自家亲外婆，但也"步步留心，时时在意，不肯轻易多说一句话，多行一步路，唯恐被人耻笑了她去"。如一开始贾母问她念何书，黛玉道："只刚念了《四书》。"当黛玉问姊妹们读何书时，没有想到贾母是"女子无才便是德"的传统思想，回了一句："读的是什么书，不过是认得两个字，不是睁眼的瞎子罢了！"使得黛玉暗自惊心，所以在后来宝玉问她："妹妹可曾读书？"黛玉立马改口："不曾读，只上了一年学，些须认得几个字。"此一言辞，生动逼真地刻画出了这种环境下的黛玉的性格。

3. 注意其他种种，品味语言。

我们习惯上将有声的话称为语言，实际上，作品中的语言还包括人物的动作（包括细节）、神态、肖像、姿势、心理活动等等。文学鉴赏中将这些称为动作语言、神态语言、肖像语言、肢体语言、内心独白等。因为这是人物内心精神世界的形象外露，是人的性格的直观表现。掌握了这些，也就很好地理解了人物性格，把握了作品的艺术形象。王熙凤见黛玉时，衣着打扮、肖像神态，一会儿哭；一会儿笑；一会儿悲；一会儿喜……而她的美丽刁钻、贪婪俗气、两面三刀、欺下媚上等性格也是刻画得淋漓尽致。《失街亭》中马谡的"三笑""三哭"，诸葛亮的"三吩咐""三哭"等，无不显现了人物的性格和个性，让人可亲可感，印象深刻。

——朱水军《品味语言，把握形象——谈谈古代小说的鉴赏》

从品味语言入手鉴赏古代小说，只是一个方面而已。还可从情节、环境、主题等方面进行鉴赏。实际上，文学鉴赏，固无定法。应该因人而异，应人而宜。这些都需要我们在实际阅读中去好好体会、探索、提高、完善。

所以，技法指导是必须的、必需的。学生习得一定的欣赏技巧，能欣赏,会写作,这本身是一项能力,通过活动,让学生掌握这种能力,这是最直接的一个收获。

在每次活动中,我都反复强调,不能受老师上课的影响,头脑里不要老想着上课的知识。你要运用你聪明的大脑,用自己的慧眼去发现,去创造。所以,唯有老老实实、认认真真地阅读,在不断的精读、细读、深读中去寻找欣赏的切入点,寻找文本的价值,才是根本和关键。

于是,学生努力寻找课外的发现,寻找自己的理解。请看这个学生对外国小说《素芭》的理解:

其实,你的结局早在你嫁人那天就决定了。离开了那些唯一懂得你的心语的动物,离开了那些你熟悉的一草一木,再不是那方你倾诉了十几年女孩心事的天地,你的心也就留在了那儿,再找不回来了。无心的你,又怎会在意所谓的结局?

这样卑微的生命!这样残酷的现实!素芭,我只能对你说,离开吧,你是折翼的天使,无意间掉落在这污秽凡间。你无法抗争,因为自私自利是根生在人性中的丑恶。那就回到上帝身边吧,和他一起,睥睨这方蜉蝣天地!

——胡晓迪《素芭,我想对你说》

再如同样的课文《陈情表》,不同的阅读体会也决定了不同的写作角度。一个侧重于写李密的那份沉甸甸的孝情;一个侧重于写李密如何智慧地陈情。

①在上课的反复朗读,课后的一遍遍阅读中,终于看到了那个坐在祖母的床旁,两手端着冒热气的药碗,温柔而坚定地对陛下微笑,轻声说着"臣以供养无主,辞不赴命"的李密。朦胧中他侧过脸对我颔首,我泫然。也许有些感情我永远也无法了解,但李密对祖母的爱,我却是在《陈情表》中真真切切地感受到了,字里行间,朴实平淡,却也深沉,毫不做作。

玄想中，与《陈情表》有关的一行人如海市蜃楼一般隐去了。而我心中还有一吐为快之感，索性提了笔，再添一句短评：

十步九折，行路难，但得三年祖母老；千言万语，怅秋风，化作一篇《陈情表》。

——章旖嫒《我只读懂一份爱》

②西晋王朝的立足更替了蜀汉的历史，作为"亡国贱俘"的李密面对新朝的封封诏书，仅凭一纸一笔挑战至高无上的皇权，着实让人胆战心惊。然而李密充满大智大慧的陈情却让人们看到了胜利的曙光……不论李密的陈情是否真的发自内心，不论他对晋灭蜀汉是否真的心服口服，他在《陈情表》中所表现出的非凡智慧终将千古传诵！

江山已改，人事变迁，但余心中的不安与揣测，是大胆尝试、毛遂自荐，还是从此淡出江湖、独立归隐？而李密以退为进的委婉陈情给我们留下的便是一个"巧"字！

——凌笋《智慧的陈情》

如果说，对课文的解读学生还是受到一些因素的影响，比如老师的课堂讲解、课外参考书的解说、个人的阅读水平等，那么，对课外的自由阅读真正是做到了"海阔凭鱼跃，天高任鸟飞"。他们的阅读思维不再拘泥于课堂和教辅书籍。他们的理解建立在个性化的体验之中。写作无非是表达一下自己的阅读感受，这成为他们的共识。这种共识，尤其是在开展"我手写我心——自主赏析专题"活动中表现得更为鲜明。

①……长夜未央。我还在案前挥笔，笔间蘸满了我想安静却又想宣泄的矛盾情绪。也许是因为这一切就要结束了罢。灯光亮起，我没有再去看屏幕上亮起的名字，也许是怕他们真的会像这样仅仅是一闪而过。

而我期待的却是另一种开始。

——李超颖《当时年少》

②在看到这本名为《午时风》的童话之前,其实我一直以为青春文学不过是一群文艺青年或伪文艺青年记录下的肤浅的话语,甚至于无病呻吟。

但是《午时风》不是。

它让我明白,青春确实清浅,但不是"轻浮"的"轻",是"清澈"的"清"。……

——孙晓航《清新如午时之风》

③"生命是一袭华美的袍,爬满了虱子。"爱玲17岁时如是说。敏感而早熟的心灵,过早地感受到亲情的淡漠。爱情的破碎,家族的算计,世俗的可怕,爱玲幼小的心灵早早感受到彻骨的苍凉。

只是为了这一句,我开始步入了张爱玲的琐碎生活。犹如谜一样的《佛兰德公路》的主人公,爱玲始终给人以"犹抱琵琶半遮面"的朦胧。每每坠入爱玲的文学世界,总是臆想着:阿富汗的羊毛地毯,维也纳的精致橱柜,佛罗伦萨的小桌,迈斯瓷器,还有那古老的橘色的威尼斯吊灯。爱玲就身处其中,身着秀美的丝袍,黑发如瀑般倾泻,鹅毛笔在手中运行着……

一个香港城的沦陷或许是为了成就范柳原和白流苏,爱玲就有如此大的魅力,让你不禁想:一座城市就这么写意地沦陷,或许是为了成就我与谁的一场"倾城之恋"?

——徐婷《花未嫁,文却殇——她从海上来》

这些活生生的文字,无不展示出学生内心真实的阅读感受。读来很是清新、真切。他们对作品的理解,对人物的感知,以及由此形成的自己的评价,都是真实的、真切的。纯洁得无"瑕"可击。他们在自己的文章里自由地表达自己的所见、所闻、所感,这就是作文,甚至可以说是创作。(以上学生个案主要引自2012届及其他)

以上论述的是学生,至于自己个人的收获,只说如下几点:

1. 解读能提升和促进教师的教学水平,形成个性化的课堂。

课文解读是一种创新性实践过程,对教师而言,课堂教学中对文本的解读不只是为学生成长所做的付出,不只是教学大纲交付任务的完成,而应是提高自我教学水平和能力的一种主要途径,是培养创新能力、展示个人才能、体现生命价值的良机。课文解读旨在读出自己对文本的独特理解并据之生成个性化的课堂教学,在阅读中促进理解,在理解中生成教学,让自己的课堂有自我的个性和风格。

2. 解读能提升和促进教师的人文情怀和文化修养,让教师成为一个"文化自觉者"。

文化自觉就是对文化的自我认知、自我定位、自我判断和自我创造能力,能正确处理好自己的文化与其他民族文化之间的关系,理解和接纳多元文化并能和平共处、对话沟通、取长补短、共存共荣,使主体性的人获得健康而长期的发展。课文解读就该是这样一种高度文化自觉的活动。

文本从一定意义上来说是人类在认识世界和改造世界的实践中创造的精神成果,是一种重要的文化形态。文本的多样性是人类生活丰富性和世界绚丽多彩的重要体现。教学文本是文化自觉的范例,既体现了文化的先导性和整体性,也体现了文化的价值性和指向性,还体现了文化的统一性和差异性以及继承性和发展性。课文解读是一种文化活动,是一种文化自觉的深度实践活动。课文解读的过程,应是通过文化自觉的深度实践来培养自己(包括学生)的全面人格和精神,清醒认识到自己是"受过教育的人",进而成为高度的文化自觉者。

3. 请记住:你是一个阅读的人。

《语文学习》杂志的封面上有一句话:"语文学习的外延与生活相等。"我很欣赏和赞同,我觉得,阅读作为语文学习的核心内容,应该与生活相等。

我们日常生活的大部分在课外而不是课内。我们读书看报,看电视电影,看路边广告,上网浏览,等等,无不在进行有意无意的阅读。我们以前有一种说法，叫"大语文学习观"，简言之就是学习语文不仅在课内，还要在课外，实际上是生活的全部。生活离不开知识，知识来自实践。我们生活在这个知识的世界里，所以，我们需要阅读，无时无刻，别无选择。我们每个人都是阅读者，用美国著名学者查尔斯·范多伦的话说，"你是一个阅读的人"。

阅读教学不是教学生读什么，而是教学生如何读。在知识化的今天，读什么毕竟是有限的，如何读才是无限的——它给了学生阅读的翅膀和力量，让学生能在书籍的海洋里自由畅泳。所以，阅读教学，教师首先要做的是激发学生强烈的阅读欲望，培养学生良好的阅读习惯。在我看来，这个比什么都重要，都实在。

叶圣陶先生早就强调过，教材无非是例子。学生在整个中学阶段学的那几篇课文，无非是教师教授知识的例子。学习或者教育的本质意义，在于通过例子教给学生方法和技能，完成知识和技法的迁移，这才能真正让学生学以致用，真正让学生去发现和创造，真正让学生受益终生。

所以，让自己成为一个阅读的人吧。

结　语

　　总之,课文解读追求的是一种个性化有创造的解读,这种解读文本的能力,不仅要教授学生掌握和运用,更是教师自己必须首先做到和掌握的教学基本功。文中天地大,课堂日月辉。课文解读能力是一个语文教师在语文素养、鉴赏水准、知识能力、人文精神、逻辑思辩等等综合素质方面的集中体现。阅读,是学生、教师个性化体验和感知文本之象的过程;个性化,是学生、教师与文本对话的结果。不同的教师有不同的阅历、不同的理解能力,体验和对话,都建立在师生对文本的个性化解读之上。每位语文教师都应该认真领会其要义,并在教学过程中努力贯彻之。这样的课堂,才会柳暗花明,才能春暖花开,才会有自己的教学艺术和独特个性。

实践：解读个案呈现

　　教学文本是文化自觉的范例，既体现了文化的先导性和整体性，也体现了文化的价值性和指向性，还体现了文化的统一性和差异性以及继承性和发展性。课文解读是一种文化活动，是一种文化自觉的深度实践活动。课文解读的过程，应是通过文化自觉的深度实践来培养自己（包括学生）的全面人格和精神，清醒认识到自己是"受过教育的人"，进而成为高度的文化自觉者。

第一辑
　思想内容分析：
　　识得曲径的柳暗花明

问韩愈:何谓"师道"?

——从《师说》看韩愈的"师道"思想

　　《师说》是唐代文学大家韩愈的名篇,可以说是我国教育史上第一篇比较全面地从理论上论述"师道"思想的文章。针对当时社会上人人"耻学于师"而致"师道之不传也久矣"的陋习——一个人一旦"事师"就会招致世人的"群怪聚骂,指目牵引",韩愈以自己的身体力行(收召后学)倡导人们"尊师学道",企图恢复"儒道",改良六朝以来靡费的文风学风,达到为儒家正统和巩固李唐政权之目的。"由魏晋氏以下,人益不事师。今之世不闻有师,有,辄哗笑之,以为狂人。独韩愈奋不顾流俗,犯笑侮,收召后学,作《师说》,因抗颜而为师。世果群怪聚骂,指目牵引,而增与为言辞。愈以是得狂名,居长安,炊不暇熟,又挈挈而东,如是者数矣。"(柳宗元《答韦中立论师道书》)《师说》就是在这种背景目的下写成的,我们可以把它看作"古文运动"的一个庄严宣言。"李氏子蟠"能"不拘于时,学于余",韩愈"嘉其能行古道"故"作《师说》以贻之"。虽为赠文,却是在全面阐述自己的"师道"思想。至今读来,仍闪耀着智慧的光芒。

一、为师的唯一条件:闻道

　　"古之学者必有师"。什么样的人可以为师?

　　韩愈心目中判定老师的条件与标准是:闻道。"道"到底是什么呢?韩愈在《原道》中有如下定义:"博爱之谓仁,行而宜之之谓义,由是而之焉之谓道。"可见这个"道"是由"仁"与"义"构成的儒家之道。一个人只有"闻"得"道"——博学、熟习儒家的学说和思想,胸有"六艺经传",才是圣贤之人,才可为人师。对此,我们可以再看看韩愈在

《答刘正夫书》中的一段话：

> 或问：为文宜何师？必谨对曰：宜师古圣贤人。曰：古圣贤人所为书具存，辞皆不同，宜何师？必谨对曰：师其意，不师其辞。又问曰：文宜易宜难？必谨对曰：无难易，唯其是尔。

韩愈认为，文章不必写得太难，关键在于写得正确——让言辞符合文章的内容思想。因此他要刘正夫"师古圣贤人"，因为只有古圣贤人的文章才符合韩愈的要求，并进一步劝说他要学习圣贤文章的"意"，这个"意"，即是韩愈内心所崇尚的儒家之道。韩愈明确提出"文以载道""文以明道""文道合一"等观点，强调"文"是来"载道""明道"用的，所以"学文"的关键不在于"师其辞"，而在于"师其意"。因此，韩愈这里说的"古圣贤人"，就是那些饱读儒家经书的儒生。韩愈对这些人是很尊敬和崇拜的："生乎吾前，其闻道也固先乎吾，吾从而师之；生乎吾后，其闻道也亦先乎吾，吾从而师之。""吾师道也，夫庸知其年之先后生于吾乎？"在昌黎先生心中，只要这个人"闻道"比自己"先"，不管他的年龄大小、地位高低、身份尊卑都可以做老师，都应该虚心向他从师学习，他就是我们的老师。因此，老师没有地位尊卑之分，没有年纪大小之别，只有熟习儒家之道的多少、先后之异——"无贵无贱，无长无少，道之所存，师之所存也"。

韩愈之所以要尊"儒生"为师，可能有以下两方面的原因。

一是源于对中华传统文化的传承。作为华夏文化固有价值系统的一种表现的儒家，儒学本身便是中华民族的文化精华，也是封建统治者用来治国安民的治世之宝。自从汉武帝"罢黜百家，独尊儒术"后，在2000多年的封建社会历史长河中，儒学一直占着统治的地位，尊儒学儒也成为华夏民族的文化传统。《汉书·儒林传》云："古之儒者，博学乎六艺之文。六艺者，王教之典籍，先圣所以明天道，正人伦，致至治之成法也。"汉代治经学必有师承，各以家法教授，教、学的主要内容便是以儒家经典为主的"六艺之文"。这是"王教之典籍"，是先圣拿来"明天道,正人伦"之用的,是"致至治之成法"。因此,上至朝廷的科举考试,下到民间的学校教育,无不上行下效,成为封建社会的一种普遍而传统的文化现象。所以,韩愈以是否"闻道"作为可否为师的条件与标准,是出于对传统文化的传承、弘扬而已。

二是源于自己为儒家正统之目的。众所周知,韩愈是中国"道统"观念的确立者,是尊儒反佛的里程碑式的人物。韩愈多次说:"愈之志在古道,又甚好其言辞。"(《答陈生书》)"愈之所志于古者,不唯其辞之好,好其道焉尔。"(《答李秀才书》)可见"道"在昌黎先生心中有着至高无上的地位。但韩愈恰恰生不逢时,生活在尊佛老而贬儒道的唐代,出于自己欲重新维护儒家思想的正统地位以巩固王权之目的,韩愈的许多文学理论主张,都把"明道"放在首位,特别强调儒家的仁义和道统:"学古道而欲兼通其辞;通其辞者,本志乎古道者也。"(《题欧阳生哀辞后》)韩愈认为"道"是写作的目的和内容,"文"是写作的手段和形式,文"本志乎于古道"。强调要文以载道,文道合一,以道为主。他倡导人们要"好古文","六艺经传皆通习之",就是为了使学儒成为一代之风,从而重振儒道雄风,恢复儒道在统治者心中的正统地位。而这必须要依靠"闻道"的老师才能达成。

另外,孔夫子以"不耻下问"的亲身作为,践行了自己"三人行,则必有我师也"的学习观、从师观。孔圣人的这种尊贤、好师的学习理念,使得千百年后的韩愈也心向往之并摹仿着实践之,尤其是身处那种"师道之不传也久矣"的儒学衰微的时代,更促成了韩愈为改变不良文风而欲进行文学变革的社会责任感。但韩愈对"师者"的判定条件和标准与孔子的不同,韩愈更具进步性。如果说,孔夫子心中的"师"是指平常意义上我们所理解的"学校老师",那么,韩愈心中"师"则不是"授之书而习其句读"的童子之师,而是指那些学儒懂儒的儒生。"彼童子之师,授之书而习其句读者,非吾所谓传其道解其惑者也"。"句读之不知",在韩愈看来,是基本知识的欠缺,可以由"童子之师"解决(在以后的教学中,学生也可以自己解决);而对于"道"的认识和掌握,是一般的老师解决不了的。因此,这种老师必须"好古文",并且是"六艺经传皆通习之",如此方能"闻道",才可"传道受业解惑"。

二、老师的首要职责:传道

"师者,所以传道受业解惑者也"。老师的职责、任务是什么?

韩愈的回答是:传道。韩愈希望老师做的,不是坐在学堂里教授那些"句读"之类的基础知识,而是要"传道受业解惑"。"读书以为学,缵言以为文,非以夸多而斗靡也;盖学所以为道,文所以为理耳。苟行事得其宜,出言适其要,虽不吾面,吾将信其富于文学也。"(《送陈秀才彤序》)韩愈认为读书为文的目的不在"以夸多而斗靡",而应是"学所以为道,文所以为理"。这样才能"行事得其宜,出言适其要",并坚信能"富于文学也"。可见"学道"才是为文的前提和基础。这与儒家倡导的"君子学以致其道""君子谋道不谋食"的思想是何其一致。因此,韩愈把"传道"列为老师的首要任务,放在最前。所谓"传道",就是要在儒道失势的今天,宣扬仁、义、道、德之类的儒家思想,教会学生如何做人,如何成材,从而达到韩愈心目中的为儒家"正统"之目的。这一点可以参看他的《原道》一文,韩愈在文中提出了一个自尧、舜、禹、汤、文武、周公、孔子以来相延不绝的道统传承之脉,肯定了儒家之道的正统地位和在治理国家方面的巨大作用,坚定不移地表明了要以承继道统为自己一生不二的职责的态度。他之所以这样做,有着深刻的现实背景。

唐代统治者奉道教为国教,对佛教也很重视。据《释氏通鉴》载:唐代有寺院约 4 万余所,僧尼 26 万余人。《新唐书·百官志》载:道观有近 2000 所,道士、女冠近万人。宗教盛行,享受特权,对唐朝的政治、经济等产生了重大的不良影响。尤其在思想上,佛老与儒家正统思想争胜,致使民众思想认识混乱,从而影响了国家、社会的稳定。在这种情况下,韩愈攘斥佛老,倡导儒家道统,其现实的"济世"理想不言自明。但韩愈毕竟只是一介文人,他只能通过"古文运动"之类的文学变革(这种文化救国的思想也是有传统基础的,中国历史上的知识分子,自觉担负着"天下兴亡,匹夫有责"的社会责任,他们都是通过一些文学运动或变革来宣扬自己的政治主张,如孔子的"克己复礼"思想,鲁迅的"文学救国梦"等)来实现自己的政治理想,而这,需要师者的传道。于是,韩愈想到了处在社会各个角落的老师。希望通过他们的广泛"传道",使社会上的人尤其是那些诸如"李氏子蟠"之类的和自己志同道合的年轻文学爱好者,能学道、明道、卫道,从而挽救这个在韩愈看来已经是处在摇摇欲坠地步的儒道。

如果说"传道"是实现心中理想的前提,那么"受业"就是达到这一前提的手段。"业"是指儒家的经典,是"道"的载体。道的达成要建立在学业的基础上。在"受业"过程中,学生不可避免地会产生疑问,所以老师还有个具体任务就是"解惑"—— 解答学生在学习"道"与"业"两方面时产生的疑问:"人非生而知之者,孰能无惑? 惑而不从师,其为惑也,终不解矣。"韩愈正是从这方面阐述了从师学习的必要性和重要性,还指出了某些人在择师学习上的错误:"句读之不知,惑之不解,或师焉,或不焉,小学而大遗,吾未见其明也。"那些只学"句读"的学生或者只是"授之书而习其句读者"的老师,在韩愈看来都是"小学而大遗","惑矣","吾未见其明也"。韩愈认为,作为"师者","传道受业解惑"这三项工作是"为师"的基本职责与任务,这三者是紧密相联的,但"传道"是老师的首要任务,是核心,是目的,是方向;"受业解惑"是进行"传道"的过程和手段。三者有主有次、有条有序、不可混淆。

三、师生关系的理想境界:动态和谐

"是故弟子不必不如师,师不必贤于弟子。闻道有先后,术业有专攻,如是而已"。什么样的师生关系是最好的?

韩愈在文中给了我们创造性的答案,那就是:师生互动发展、和谐民主,教学相长。"圣人无常师",人人可为师。韩愈用一种动态的、相对的、发展的眼光看待师生关系、师道关系,坚决地将老师和学生之间那条人为的固定的界限取消了,这是对自古以来"师道尊严"传统的大胆挑战(难怪被人视为"狂人"),表现出了作者非凡的学识与胆魄,具有进步性。

"古之圣人,其出人也远矣,犹且从师而问焉。"在韩愈心目中,古之学者"从师而问",师生关系十分融洽。"圣人无常师。孔子师郯子、苌弘、师襄、老聃。郯子之徒,其贤不及孔子"。作为学生的孔子,他询官制于郯子,访乐于苌弘,学琴于师襄,问礼于老聃。虽然这些人的才能不及孔子,但孔子却是虚心好学,不耻下问,礼尊师长。反过来,作为老师的孔子,他与自己的三千弟子尤其是颜回等七十二贤人之间的亦师亦友的师生情深,已成为千古美谈。读《论语》,我们每每感动于这种亲密融洽的师生关系。而这个韩愈,更是以自己的实际行动为教学相长、能者为师的师生观作了最好的注解。《新唐书》本传说他"成就后进士,往往知名。经愈指授,皆称韩门弟子"。韩愈不拘时俗,不分尊卑,只要对方是"好古文"的志同道合者,他都能悉心指导,诲而不倦,甚至会亲自给"李氏子蟠"这样的年轻后生作文"以贻之"。这是非常了不起的。

总之,本文虽是为鼓励一个 17 岁的孩子学"古文"而作的,也许还有作者自己那么一点儿自鸣得意(得意于李蟠"不拘于时,学于余")的味道,但主要的内容却是在论述自己的"师道"思想:老师的标准、老师的职责任务、师生关系。这种"师道"思想即使在今天看来也

具有进步作用和积极意义。但韩愈毕竟是一个儒家孔孟学派的卫道者,又是复古主义的大力倡导者,所以他的这种"师道"思想也不可避免地存在着局限性。他要求的为师的条件是"闻道",而这个"道"是不折不扣地为巩固封建王朝(具体地说,是为了安史之乱后已经慢慢衰弱的唐王朝)的统治权服务的;他身上有着一种厚古薄今甚至颂古非今的思想,为尊儒而一概排斥佛老,缺少一种兼收并蓄的气度;他虽然淡化了老师与学生之间的等级关系,不讳人的地位、身份、贵贱、贤能,提出了能者为师的进步观点,但他的内心深处还是有着阶级歧视的烙印,他对"巫医乐师百工之人"的蔑视和对"士大夫之族"的虽恨犹惜,这是很明显的。

(本文发表于 2009 年第 1 期《语文教学研究》,中国北京,刊号:CN22—1387)

君看流水尚能西,休将白发唱黄鸡

——由《游沙湖》看苏轼的旷达性情

　　黄州东南三十里为沙湖,亦曰螺师店。予买田其间,因往相田,得疾。闻麻桥人庞安常善医而聋,遂往求疗。安常虽聋,而颖悟绝人,以纸画字,书不数字,辄深了人意。余戏之曰:"余以手为口,君以眼为耳,皆一时异人也。"

　　疾愈,与之同游清泉寺。寺在蕲水郭门外二里许。有王逸少洗笔泉,水极甘。下临兰溪,溪水西流。余作歌云:"山下兰芽短浸溪,松间沙路净无泥,萧萧暮雨子规啼。谁道人生无再少?君看流水尚能西!休将白发唱黄鸡。"是日,剧饮而归。

　　上文题为"游沙湖",选自《东坡志林》卷一。文章写于宋神宗元丰五年(1082 年)作者被贬黄州之时。全文共两段,寥寥 172 字。前段以文写人,后段以词记游,文、词融为一体,相互映照,相得益彰,自然流畅而情韵悠长。作者写游览所见景物,用笔极简,只一笔带过王逸少洗笔泉、兰溪水西流;而对兰溪景物的具体描写,则留在后段词中表现。歌词把静谧幽雅的景色、积极乐观的情绪和精警深刻的人生哲理,浑然天成地融合起来加以表达。文章虽短小,却内容俱全,有人物,有事件,有自然景色,有诗情哲理。这一切似乎是作者信手拈来,漫笔写成,充分体现了苏轼随笔小品文的艺术特色。近代学人吕叔湘先生有如此文字评论苏轼的散文小品:"或直抒所怀,或因事见理,处处有一东坡,其为人,其哲学,皆豁然呈现。"此论真是精辟之至。这篇似乎是随手所记,决无刻意痕迹的《游沙湖》,就是一篇充分显示作者人格品位,能让我们想见"其为人,其哲学"的佳作。

一、"余以手为口,君以眼为耳,皆一时之异人也。"
——嬉笑中透出深沉的悲愤与无奈。

宋神宗元丰三年春,苏轼因乌台诗案,谪贬黄州。黄州为今湖北黄冈县,沙湖在其东南 30 里处,大致位于今黄冈市黄梅县浠水镇一带。苏轼在黄州前后总共谪居了四年之多。在黄州期间,苏轼闲暇无事,于是游山玩水,吟诗作文,喝酒交友,过着一种看似潇洒其实并不潇洒,心有悲愤却又能超脱达观的矛盾生活。他在黄州期间写的一些诗文,如《念奴娇·赤壁怀古》《赤壁赋》《后赤壁赋》《游沙湖》等,就是这种生活的最好注解。元丰五年(1082 年)三月七日,苏轼因病"求疗"麻桥名医庞安常,后成朋友,并与其一起游沙湖,本文即是两人游赏过程的真实记录。

大凡中国的知识分子,在仕途不顺、官职贬谪、怀才不遇之时,尤其是遭受莫须有的罪名而被贬官降职流放,其心情肯定是悲愤而失落的。苏轼虽性情豪放,但因乌台祸而谪居黄州,官事卸身,无所事事,心情郁闷,这也是合情又合理的。再加上"得疾"(左手肿)生病,可能还病得不轻,无法自愈或求一般医生难以治愈,于是前去麻桥找当地名医庞安常治疗。

庞安常,字安时,为麻桥名医,有多种医学著作传世。《东坡志林》卷三《技术》一节中两处提到他,一谓"庞安常为医,不志于利,得善书古画,喜辄不自胜"。一谓"予来黄州,邻邑人庞安常者,亦以医闻,其术大类骧(名医,蜀人单骧),而加之以针术绝妙。然患聋,自不能愈,而愈人之病如神。此古人所以寄论于目睫也耶?骧、安常皆不以贿谢为急,又颇博物通古今,此所以过人也。元丰五年三月,予偶患左手肿,安常一针而愈,聊为记之"。

在《游沙湖》中,作者没有写庞安常"不以贿谢为急"的人品和"愈人之病"的高招,只写了他俩分别"以手为口"和"以眼为耳"的"异人"

特征。这样的笔墨，不仅幽默，富于情趣，而且还包含着一种隐情和感慨。

可以说，苏庞两人是因病相识，进而相知，成为知己挚友的，文中一"戏"字能窥出一斑。苏轼能和庞安常说笑话，而且说的不是一般的笑话，他给自己和庞安常带了顶帽子——"一时异人也"。从这句戏言中，我们可以体悟到作者流露在字里行间的深沉悲愤与无奈。苏轼为何称自己为"异人"？他"异"在哪里？如果说庞安常是"异人"：他善医而聋但医术高超，颖悟绝人——这多少是"异人"之表现与特点，令人信服。那么苏轼"以手为口"也能算得上"异人"吗？这只是与庞安常交流时的一种方式。因为庞安常耳聋，交流时只能一个"以手为口"，一个"以眼为耳"，这是很正常的方式，与常人没有任何相异。但苏轼为什么硬说俩人是"一时异人也"？

实际上，苏轼说自己和庞安常用这种方式交流是一时的异人，是有感而发的，是有隐情的，是饱含着强烈的讽刺意味的。

苏轼因乌台诗案而被免职罢官，流放他乡，罪名是所谓对朝廷的不满和对新政的诽谤。乌台诗案发生在宋神宗熙宁年间（1068—1077年），神宗重用王安石变法，当变法失利后，又在元丰年间（1078—1085年）从事改制。就在变法到改制的转折关头即元丰二年（1079年）发生了文字狱。御史中丞李定、舒亶、何正臣等人摘取苏轼《湖州谢上表》中的相关语句和此前所作的有些诗句，以谤讪新政的罪名逮捕了苏轼。这案件先由监察御史告发，后在御史台狱受审，一关就是4个月。那些官吏每天逼着苏轼，要他交代以前写的诗的由来和词句中典故的出处，威逼利诱，几近致死。最后由于宋朝有不杀士大夫的惯例，所以苏轼免于一死，但被贬为黄州团练。次年元月，被流放至黄州。

读者都知道，这些莫须有的罪名都是御史台的那些人从苏轼的诗句中断章取义、强行拼凑后刻意歪曲出来的。这等于是让人不要写诗,不要说话,不能言论自由。也就是说,只能像庞安常那样装聋作哑,才能委曲求全,明哲保身。如此说来,"以手为口,以眼为耳",是最好的一种生存保全方式。苏轼这样"戏说",一腔悲愤、无奈之情自是溢于言表,但又无可奈何,只能算作自叹,自怜,自嘲,自解而已。实际上,他和安常都是正常人,做着正常事,而且都凭自己的一技之长造福于民。一个是满腹才华壮志报国的"相才",一个是救死扶伤针术绝人的"名医",从这个角度讲,倒确实是难得的"一时异人",只可惜,他们都很不幸,都命运坎坷、遭遇可悲。一个被流放而成罪人,一个居一隅权充乡医。对这种莫须有、不公正公平的遭遇,苏轼不可能也不会是心无介蒂的。但有介蒂又能如何呢?除了发发牢骚,说说心中的不平之外,也只能从游山玩水中排遣内心的愤闷了。且看苏轼这样一首诗:"人皆养子望聪明,我被聪明误一生,唯愿此儿愚且鲁,无灾无难到公卿。"(此诗为元丰六年即到黄州的第二年,其妾朝云生子苏遁而作的《洗儿诗》)联系上面所述,这首诗似乎包含这样的意思:人再聪明,如果生不逢时,倒不如作一个"以手为口"的哑巴和"以眼为耳"的聋子,或者干脆作一个"愚且鲁"的傻子为好。再如他的《初到黄州》一诗里,有"自笑平生为口忙,老来事业转荒唐"的句子。"为口忙"三字,含有为生计奔忙和祸从口出的双重意思。苏轼因上谢表和写诗言事招惹了许多是非,吃尽了苦头,他怎么能不感到忿忿不平呢?由此看来,"一时异人"与这些诗句一样,是一种多么沉痛的感喟啊!

另一方面,他说这样的话也是对御史台的那些昏官庸吏的强烈讽刺与反击。他们捕风捉影,无中生有,鸡蛋中挑骨头,所言所行是极不正常的,他们才是这个时代的"异人"。因此,苏轼说"一时异人也",真可谓是一语双关,言此意彼,话中有话。读来幽默诙谐,但却令人心酸,心碎。

当然,苏轼能和庞安常说这样的"戏语",足见两人友情之深,非同一般。可能安常颖悟绝人，能从别人"书不数字"中"深了人意"，所以给苏轼看病久了，不但是了解了苏轼的手病，更是熟习了苏轼的心病，俩人因此而相知相识，成为知己挚友，苏轼如是说，也是在情理之中了。

二、"谁道人生无再少？君看流水尚能西！休将白发唱黄鸡。"——高歌里表达满腔的乐观与旷达。

尽管自己被贬了官，遭到了流放，又得了疾生了病，种种的遭遇和打击让苏轼一时悲愤和苦闷不已，心情自是不好。但苏轼毕竟是苏轼，生性豪放乐观的他，并没有因此而一蹶不振、郁郁寡欢、悲天悯人，而是自作歌词，自取其乐，在游湖赏景中自励，真正见出一代文豪的率真本性和豪迈风范。

我们重点来读他《浣溪沙·游蕲水清泉寺》一词，这是文章后半部分的主要内容。

浣溪沙·游蕲水清泉寺

游蕲水清泉寺，寺临兰溪，溪水西流。

山下兰芽短浸溪，松间沙路净无泥，萧萧暮雨子规啼。

谁道人生无再少？君看流水尚能西！休将白发唱黄鸡。

历来评家都认为，这是一首触景生慨、蕴含人生哲理的小词，体现了作者热爱生活、乐观旷达的人生态度。此词，上片写景，景色如画，淡雅凄婉；下片抒情，富有哲理，振奋人心。近千年来，不知让多少身受挫折的失意文人重新焕发出生活下去的勇气和继续前进的信心！这首词从山川景物着笔，意旨却是探索人生的哲理，表达作者热爱生活、旷达乐观的人生态度。整首词如同一首意气风发的生命交响乐，一篇老骥伏枥，志在千里的宣言书，流露出对青春活力的召唤，对未来的向往和追求，读之令人奋发自强。

词的上阕写暮春三月兰溪幽雅的风光和环境：山下小溪潺湲，岸边的兰草刚刚萌生娇嫩的幼芽。松林间的沙路,仿佛经过清泉冲刷,一尘不染,异常洁净。傍晚细雨潇潇,寺外传来了杜鹃的啼声。作者选取几种富有特征的景物,描绘出一幅明丽、清新的风景画,令人身临其境,心旷神怡,表现出词人爱悦自然、执着人生的情怀。下阕迸发出使人感奋的议论。这种议论不是抽象的,概念化的,而是即景取喻,以富有情韵的语言,表达有关人生的哲理。溪水西流使他感悟到:溪水尚且可以西流,难道人生就再无少了吗? 何必自伤白发,哀叹衰老呢? 这就鲜明地体现了他虽然身处困境,仍力求振作的精神。

总之,整首词融理入景,情、景、理三者完美交融,表达了词人身处逆境而旷达乐观的豪迈情怀,政治上失意后却积极奋进的生命姿态。读来启人心智,动人心魄,催人奋进,令人震撼。

以上是评家的公论共识,并无二议。问题是,苏轼在一转眼之间心情大好,个中之因是什么? 降了苏轼本人的开朗、豁达之本性,我们还可以从文中窥得如下两个原因:

一是"疾愈",这是常情常理。一个人病愈时的心情应该是高兴喜悦的,更何况苏轼是在怀才不遇、身遭贬谪之时患病,患的又是不轻的手臂肿病。关于苏轼此病的具体情况,史料上没有多少记载,苏轼自己的文章中也只有点滴谈及。主观臆测,此疾可能是苏轼不服黄州当地的水土而致。手肿必伴有疼痛,这会造成人生理上、心理上的不适与痛苦。虽然苏轼在文中并无片言只语记录自己患病时的这种不适与痛苦,但从他"闻麻桥人庞安常善医而聋,遂往求疗"之句可推知,他患得不轻。否则,何必要找邻邑的庞安常治疗呢? 一般的小疾小病,随便找个郎中医治即可。苏轼找庞安常治疗,并在医治过程中俩人结为挚友,且在其文章中多次提及此人而不吝溢美之词,由此可推想医治的次数之多、时间之长、感恩之重。所以一旦病愈,苏轼自是开心万分,兴奋异常,于是自然有了下文"与之同游清泉诗"一事。

二是游寺时的美景愉悦。因为病好心情好，苏轼才有游沙湖之举动。并且邀请庞安常同游，一表感激之情，二证友谊之深。沙湖之美景（具体前面已经论述，此略）让苏轼饱了眼福，悦了心情，情绪顿时大好。再加上酒精的刺激，更让人有了飘飘然的感觉，于是即兴作词，借酒消愁，一吐心中的豪迈之气，尽显旷达乐观的率真本性。而这种本性，首先是由眼前的王逸少的洗笔泉和西流的兰溪水引发的。

在中国传统的文学作品中，"水"作为一种常见意象，多用来比喻绵绵不绝的愁思，借指时间岁月的流逝。如"问君能有几多愁，却似一江春水向东流"。"沅湘流不尽，屈子怨何深"。"子在川上曰：'逝者如斯夫！'"……但在苏轼眼里，"水"却别有风味，不是一种令人生悲的物象，而是一个能激发自己乐观向上的情绪催化剂。请看《赤壁赋》中这段文字：

客亦知夫水与月乎？逝者如斯，而未尝往也；盈虚者如彼，而卒莫消长也。盖将自其变者而观之，则天地曾不能以一瞬；自其不变者而观之，则物与我皆无尽也，而又何羡乎？

这里，苏轼就是拿眼前看到的水来作例说理，运用辩证观点，告诉"客""物与我皆无尽"的道理，从而使"客""喜而笑"。同样地，在《游沙湖》中，苏轼也是由眼前的兰溪之水，领悟到一种新的哲理，从而对自己今后的人生萌动了一种积极美好的向往和追求。这种向往和追求，我们可以从他对乐府古辞《相和歌辞·长歌行》和白居易《醉歌·示伎人商玲珑》的反意中得知。

青青园中葵，朝露待日晞。阳春布德泽，万物生光辉。常恐秋节至，焜黄华叶衰。百川东到海，何时复西归？少壮不努力，老大徒伤悲。

——《相和歌辞·长歌行》

谁道使君不解歌，听唱黄鸡与白日。黄鸡催晓丑时鸣，白日催年酉前没。腰间红绶系未稳，镜里朱颜看已失。玲珑玲珑奈老何，使君歌了汝更歌。

——白居易《醉歌·示伎人商玲珑》

　　乐府辞与白诗表达的都是时光易逝、人生易老的哀伤情绪。苏轼却坚信"谁道人生无再少",高歌"君看流水尚能西!休将白发唱黄鸡"。连溪水都"尚能西",更何况人呢?所以不能悲叹年老无成、为时已晚,只要调整好自己的心态,及时努力,还是会有所成就的。"溪水能西""黄鸡休唱",这是一种多么从容自信、旷达乐观的人生情怀!从中见出苏轼超然洒脱的处世品性。

　　总之,在这篇短文中,苏轼以极其朴素、自然、清淡的语言,写出了非常丰富复杂的感情,并且有层次地表现了感情的发展变化:由寓慨于谐,悲愤无奈到纵情高歌,乐观旷达,从中见出一个率真、豪放的苏轼——他毕竟是个善处穷厄的智者,生性豁达的豪杰。

　　(本文发表于 2010 年第 4 期《语文教学研究》,中国北京,刊号:CN22—1387)

顺民之性以养其民

——从《种树郭橐驼传》看柳宗元的"养人术"

　　《种树郭橐驼传》是柳宗元写的一篇文章。该文题名为"传",实际上是一个讽喻性极强的寓言故事。文章以老庄学派的无为而治、顺乎自然的思想为出发点,借郭橐驼之口,由种树的经验说到为官治民的道理,指出封建统治阶级如同"他植者",有时打着爱民的幌子,行害民之实,由此规讽"长人者"为政不可扰民,害民,而应养民,惠民,顺应自然,让百姓休养生息。文章具体介绍了郭橐驼种树的种种方法和经验,并与"他植者"进行了鲜明的对比与反衬,以木喻人,设事明理,含蓄而又具体地阐述了"养人"的思想。今天读来,仍有很多值得学习和借鉴的地方。

一

　　"养人术"即"育人术",就是安抚百姓的方法,其核心思想就是"顺木之天以致其性"。所谓"天"就是客观自然规律,"顺木之天"就是要顺应树木生长的内在规律,不用人为的外力去骚扰之,捣乱之,折腾之。当然,这并不是说人们完全可以无为而治,放任自流,关键还要在"致"字上下功夫。郭橐驼在种树时其实是非常小心谨慎的,文中"其莳也若子""其置也若养"就很好地说明了这一点。种好之后,他才撒手不管。这样才使得树木能够在顺应其"本性"的土壤里,得以枝繁叶茂,早实果多。

　　养民亦如此。从郭橐驼阐述的种树之道中,我们可以总结出如下几点"柳氏养人之理":

一是养人者自身的品德与素质。会不会养人,首先取决于"长人者"自身有无必备的素质。文中的郭橐驼,在我看来应该是个好官的典型,或者说具有"长人者"为政必不可少的道德素质和政治素质。他外形不美心灵却很美:既吃苦耐劳又勤劳善良,且兼有一技之长;既心胸大度又见识过人,面对人们的轻视嘲谑不自卑自怜,反而能坦然面对欣然接受;他专志专心于自己的种树职业,凭自己的真本事种出了硕茂的果木来,令长安"为观游及卖果者"甚至上层阶级的"豪富人""窥视效慕""争迎取养";他既不居功自傲自以为是又不保守种树秘方独霸乡里,而是毫不保留倾囊相授。从郭橐驼这个人物身上,我们看到了一种"顺应自然、宽厚爱民"的生活哲理和人生智慧,这是为官之人必备的基本道德政治素质,具有这种素质的人,才能爱民如子,方可为官治民。因此,"长人者"首先需要向郭橐驼学习,具备他身上所有的美德和素养,而不应是"他植者"的样子,这是养民的先决条件。

二是养人的方式方法。种树如同养人,种的方法很重要,关系到能不能种活树(人),能不能使树(人)长得"硕茂"并"早实以蕃"。郭橐驼种树的绝技就是"顺木之天以致其性",养人亦是如此。具体说来,这里包括几层意思:

首先是养人的前提条件,即要了解民生。种树要深谙树木的自然本性,养人要熟习百姓的民生疾苦。"凡植木之性,其本欲舒,其培欲平,其土欲故,其筑欲密"。郭橐驼懂得树的本性在于"本、培、土、筑",据此种树,无不鲜活。民的本性在于他们的生活环境、生活条件、现实问题等方面有无突出问题,能不能让其安居乐业,即种种民生问题。"长人者"唯有下基层,入民间,了解民情民意民生,才能制定出切合百姓实际的、科学而合理的养民政策,这是养民的前提条件。

其次是养人的具体做法,即要采用休养生息、与民为善的政策。

郭橐驼种好树后"勿动勿虑,去不复顾。"让树顺其自然,自由生长。"不害其长""不抑耗其实"。看似漠不关心,实则在关键时刻心底重视,暗中关心,"其莳也若子,其置也若弃",知道什么时候该有所为,什么时候应有所不为。最终使树苗壮成长,枝繁叶茂,早实以蕃。这种爱树如子,似弃实置,不害其长,顺应树性树情有所为而又有所不为的态度和做法,才是最适合治养树的。更是适合养民的。可惜的是我们的许多"长人者"其实都是"他植者",都没有学到郭橐驼的一技半招,反而是在有意无意中害树害民。"根拳而土易,其培之也,若不过焉则不及"。他们种树很盲目,不了解树的本性,对树的态度更是错误,"爱之太恩,忧之太勤,旦视而暮抚,已去而复顾,甚者爪其肤以验其生枯,摇其本以观其疏密"。这种做法与态度,其结果是使"木之性日以离矣"。用郭橐驼的话来总结,就是"虽曰爱之,其实害之;虽曰忧之,其实仇之"。这里,"他植者"的做法与态度正是现实生活中某些昏官庸吏扰民、害民的真实写照。他们嘴上说的是爱民,手中做的却是害民。"若甚怜焉"却"好烦其令",政令频出,使百姓"根拳土易",从中榨取百姓的钱财。"爪其肤以验其生枯,摇其本以观其疏密"。置民于死地而不顾,非得到榨光最后一点血汗为止。这样的为官治民,与"养民"已是相去甚远,他们违背了"顺民意、合民情"的原则,不是政为民所出,权为民所用,急民之所急,休养生息,量力而为,与民为善,而是强行榨取,不顾死活,还自欺欺人,沽名钓誉。

最后是养民的目的动机,即要抱着为民请命,造福于民的宗旨。郭橐驼种树一不贪钱二不图利三不求名,一心只为种好树着想,丝毫没有个人私念,"我知种树而已"。正因如此,才能心神一致、种得好树。为官者也应如此,必须抱着为民办好事,办实事,不图个人私利的目的和宗旨,才能两袖清风,为民请命,造福一方百姓,才是名副其实的"父母官"。

因此,综观柳氏的"养人"思想,我们应注意三点:一是无论种树或养民,都要"顺天致性",而不宜违逆其道;二是想要顺天致性,必先掌握树木或百姓究竟怎样才能"硕茂以蕃",亦即摸清事物的本性及生长规律;三是动机效果必须统一,不允许好心办坏事,更不能口是心非,瞒天过海。

二

为什么要养民?这源于当时严酷的社会现实与作者的政治理想。

唐代经过安史之乱后,国力衰落,国运衰微,老百姓处于水深火热之中,苦不堪言。本文是针对当时官吏繁政扰民的现象发声而为言的。中唐时期,豪强地主兼并掠夺土地日益严重,"富者兼地数万亩,贫者无容足之居"(陆贽《均节赋税恤百姓》)。仅有一点土地的农民,除了交纳正常的绢粟外,还要承受地方军政长官摊派下来的各种杂税。据《旧唐书·食货志》载,各地官僚为巩固自己的地位,竞相向朝廷进奉,同时加紧对下层的盘剥,于是"通津达道者税之,蒔蔬艺果者税之,死亡者税之"。可以说,苛捐杂税、民不聊生是当时社会现实的真实写照。

柳宗元在文中直言"长人者"不顾百姓死活,只顾个人私利的种种罪恶。"若甚怜焉,而卒以祸",他们借爱民之名,行扰民之实。"鸣鼓而聚之,击木而召之",在众百姓面前"好烦其令"——促耕,勖植,督获,缫绪,织缕,字幼孩,遂鸡豚。这些政令使老百姓疲于奔命,"昼夜勤作息"还完不成官府衙门摊派下来的任务。除此之外,广大人民还要送往迎来,应酬官吏,鲜有暇日。"吾小人辍飧饔以劳吏者,且不得暇,又何以蕃吾生而安吾性耶?"这些都增加了下层百姓的财物负担和精神痛苦,所以最后的结果只能是"病且怠"也。关于中唐时期的苛捐杂税导致民不聊生的黑暗现实,柳宗元在他的《捕蛇者说》一文中有详细的揭露,并发出了"苛政猛于虎也"的悲鸣。

　　作为一个有良知有责任感的知识分子，身处中唐这样的黑暗时代，柳宗元清醒地认识到，唐王朝急需采用休养生息的政策来重振国力，老百姓也需要宽松的政治统治以求安居乐业。于是他用手中的笔，描写百姓的不幸遭遇，揭露社会的黑暗现实，抨击官吏的昏庸腐败。为民请命，舍生忘死。他企图改良这个社会，于是和刘禹锡等人参加了"永贞革新"运动，成为这一组织的核心人物。"永贞革新"是以王叔文为首的官僚士大夫为打击宦官势力而进行的一场斗争，虽然王叔文集团执政仅 146 天，参与者均遭贬斥，但他们实行的改革措施，如罢宫市、出宫女、限制进奉、减免租税等，在当时是深得人心的。柳宗元也为他的政治理想和追求付出了沉重的代价。他被一贬再贬，年仅 47 岁就死在柳州任上。

　　从这篇文章中，我们可以听到柳宗元参加的"永贞革新"的先声。他提出的"养民"思想，实际上是他内心深处关于改良社会、拯救百姓的政治主张之一，从中可以看出他对下层百姓的深切同情，对国家前途的深深担忧，具有很强的现实针对性和积极作用。

　　总之，从这篇文章中，我们看到了柳宗元富于革除时弊的批判精神，也看出了他"文以明道"的文学主张。柳氏主张为文应"明道"，"道"应于国于民有利，切实可行。联系本文，此"道"就是"养民之术"。

（本文发表于 2010 年第 2 期《语文教学研究》，中国北京，刊号：CN22—1387）

字字梦梦皆呐喊

——从《〈呐喊〉自序》看鲁迅的文艺观

　　《〈呐喊〉自序》是鲁迅先生写的一篇自序,作者在文中说明了自己创作小说并把小说集命名为《呐喊》的缘由。不仅如此,鲁迅在文中还谈到了自己的文学实践,主要是他对文学社会功能的认识。应该说,鲁迅对文学的社会功能的认识,也如他的思想发展一样,经历了一个曲折漫长的过程,最终才形成了正确的革命辩证唯物主义文艺观。

　　众所周知,鲁迅在选择文学之前,是抱着学医救国的心愿的。他之所以学医,是由于他的父亲的久病乃至死亡的刺激引起的。但这刺激所引起的事业的选择,却远远超过了对个人和家庭的考虑,而和社会问题紧密结合起来了。鲁迅告诉我们,他之所以学医,"是预备卒业回来,救治像我父亲似的被误的病人的疾苦,战争时候便去当军医,一面又促进了国人对于维新的信仰"。很显然,鲁迅的出发点,是为了人民的健康,为了国家的富强。由此可以说,鲁迅最初的事业选择,就表现了他爱国爱民的思想。可是,鲁迅为什么很快就放弃了这个选择呢? 仍然是因为"刺激"。这就是"看幻灯片事件"。在他学医的课堂上,从教师为了"用去这多余的光阴"而放映的电影画片中,看到了"久违的许多中国人"被杀示众,而"许多站在左右,一样是强壮的体格"的同胞,却显出"麻木的神情",于是鲁迅便觉得"医学并非一件紧要的事"。应该说,前后两个"刺激",同样都激发了他的爱国思想,然而后者比起前者要来得深刻。两个"刺激"带给他如何才能使国家富强的认识不同,前者是把问题归结为人体的强壮和医学的落后的矛盾,这并没有抓住问题的根本,而后者,却纠正了他这一认识。画片上那些"毫无意义的示众的材料和看客"的体格不是很健全很强壮吗?然而,那麻木的神情,谁能从他们身上看到国家富强的希望呢?由此鲁迅认为"我们的第一要著,是在改变他们的精神,而善于改变精神的",这时的他认为"当然要推文艺"。为什么是"文艺"而不是其他?这和鲁迅的切身感受有关。那时他在学医的过程中接触了很多欧洲作家的文学作品,如拜伦、雪莱、海涅、普希金、莱蒙托夫、裴多斐等,他们的作品深深地影响了年轻的鲁迅,使他感受到了文学作品对他思想的启蒙和行为的影响作用。他在谈到拜伦时说:"就我自己而论,也还记得怎样读了他的诗而心神俱旺。"(见《坟·杂忆》)由己及人,便不能不想到会发生同样的作用。基于此,鲁迅认为文艺可以唤起人们觉醒,是自然的事。正是在这种信念的支撑下,他决定"提倡文艺运动了"。

然而,万事开头难。《新生》的流产使鲁迅"感到未尝经验的无聊",也感到了"寂寞"和"无端的悲哀"。但他并未灰心,这一时期,鲁迅写了《文化偏至论》《摩罗诗力说》等论文,尖锐地揭露了反动派的本质,介绍了许多"立意在反抗,指归在动作"的爱国诗人,用意十分明确,就是要以此去激发人们的反抗精神。"我们在日本留学的时候,有一种茫漠的希望:以为文艺是可以转移性情,改造社会的。"①可见,鲁迅对于文艺社会功能的认识,已经是相当深刻了。这是经历了种种残酷的现实后,鲁迅对文艺的社会功能的清醒认识。

因此,当钱玄同约鲁迅为《新青年》写稿时,虽然鲁迅对于文学能否改变人们的精神,唤醒人们起来反抗,表示了怀疑。"假如一间铁屋子,是绝无窗户而万难破毁的,里面有许多熟睡的人们,不久都要闷死了,然而是从昏睡入死灭,并不感到就死的悲哀。现在你大嚷起

---

① 鲁迅.域外小说集[M].北京:新星出版社,2006.

来,惊起了较为清醒的几个人,使这不幸的少数者来受无可挽救的临终的苦楚,你倒以为对得起他们么?"但是,鲁迅终究没有放弃文艺,"我虽有我的确信,然而说到希望,却是不能抹杀的",于是鲁迅"答应他也做文章了",开始用文艺去进行战斗,自觉地为革命"呐喊助威",使那些"在寂寞里奔驰的猛士""不惮于前驱"。鲁迅进一步觉得这时的文学"当然须听将令的了",为此,甚至于有的时候"往往不恤用了曲笔"。可见,此时的鲁迅,已经认识到文学对于革命的重要影响与作用了,所以才用手中的笔,与敌人作坚决斗争,为革命摇旗呐喊。这就是后来所说的"遵命文学"。

至此,鲁迅终于完成对文艺的社会功能的正确、全面、深入的认识。综观全文,这种正确的革命文艺观的形成,正如鲁迅的思想发展一样,经历了许多的失败挫折和内心的苦闷与彷徨,最终在自己的深刻反省中和现实形势的启发下得以逐步形成。从中,我们看出了鲁迅那高尚的品格和伟大的人格。

(本文发表于 2003 年第 11 期《起跑线》,江西南昌,刊号:CN36—1227)

《灯》的意蕴之美

天暮了，

在这渺渺的河中，

我们的小舟究竟归向何处？

远远的红灯啊，请挨近一些儿吧！

　　这首名为《黑夜行舟》的小诗，是19岁的巴金离开自己的家乡外出乘船时所写的。"我看见远方一盏红灯闪闪发光，我不知道灯在哪里，但是它牵引着我的心，仿佛有人在前面指路"。（见《巴金论创作·序》）可见，灯在青年巴金的心中，已成为一种光明与未来的象征，成为一种人生航标的象征。岁月悠悠，风雨猎猎，在巴老一生的很多时候，这盏"人间永远不会灭的灯"一直指引、温暖着他的心——给他生存的希望和前进的动力。"我的心常常在黑暗的海上飘浮，要不是得着灯光的指引，它有一天也会永沉海底"。"我爱这样的灯光……看见灯光，我却忽然感到安慰，得到鼓舞"。心中有灯，一路前行。在巴金心中，这"灯"已不是一般的普通的实体之灯，而是作为一种象征物，有着意蕴丰富的象征含义与深刻复杂的人生哲理。

　　散文名篇《灯》作于1942年，通篇采用了象征手法。象征给予人们的启示意义，不在于形象本身，而在于形象所暗示的意义。黑格尔说："象征所要使人意识到的却不是它本身那样一个具体的个别事物，而是它所暗示的普遍性意义。"巴金写灯，显然在于它给予人们所暗示的光明，给予人希望的普遍意义，其中也寄托着作者对精神生活的追求，并启迪着人们去思考人生的种种问题。研读文本，我们可以强烈地感受到灯的象征意蕴之美。

灯光照人：揭示丰富深刻的人生哲理

富有哲理的散文，不同阶层、职业、文化的人都能接受，能从中得到哲理的启示。这篇散文，虽已过去半个多世纪，但今天读来，仍然余味无穷，即使对抗日战争和作者思想背景一点儿也不了解，也能从中得到人生哲理的领悟。文章通篇写灯，写灯光在寒夜里给自己、给别人带来的希望和光明。这就使作品有了言外之意。从哲理的角度说，灯光含蓄地表达了人类向往光明、坚定信念、正义必胜的愿望，抒发生命需要精神支柱的感想。

面对黑暗，作者由眼前平房中射出的一点灯光中看到一个夜行人，从而回忆起自己的夜行经历，联想到两个古代传说，最后谈到友人遇救的事。借此叙述自己从"窒闷"到"微笑"的心情变化过程。不要小看了这些灯光，虽然在"寒气的袭击中微微颤抖"，有一两次作者还以为会"灭了"，但是"一转眼昏黄色的光又在前面亮了起来"。这就委婉地写出了这些微弱的灯光与寒夜顽强搏斗的不屈精神。作者爱这样的灯光，因为这灯光，象征着温暖、光明和希望。但他更感动于"几盏灯甚或一盏的微光固然不能照彻黑暗，可是它也会给寒夜里一些不眠的人带来一点勇气，一点温暖"。由此看出，作者心中的灯光，已不是专指某处的灯光，而是有了更丰富更深入的内涵。它写出了灯光对于人生的意义——所谓的灯光，也就是生活道路上的希望之光，生命之光。它能给人以巨大的精神鼓舞作用，能指引一个人在黑暗甚至绝望的境遇中找到生的勇气和活的希望，重燃起积极的健康的生活态度……正是这些"似乎还在寒气的袭击中微微颤抖"的灯光，蕴含着如此丰富而深刻的人生哲理，启迪人们去思考人为什么活着的意义与价值。

灯光暖人：传递血浓于水的人间亲情

灯光能给人以光明、温暖和希望。它不仅能给夜行人指路，它还能使人在精神上"感到安慰，得到鼓舞"，甚至连"呼吸也畅快了许多"；它的微光"固然不能照彻黑暗，可是也会给寒夜里一些不眠的人带来一点勇气，一点温暖"；它们的一点点恩泽，能驱散人们心灵里的黑暗，并"促成它的发育"。

孤寂的海上的灯塔挽救了多少黑夜中航行的船只，哈里希岛上姐姐为弟弟点在窗前的长夜孤灯，使捕鱼的人得到指引。那个古希腊女教士希洛手中燃着的熊熊火炬，更是照亮了每夜泅过海峡来的"利安得尔"的眼睛。而那位投水自杀的友人更是由于"一盏油灯"，"几张诚恳、亲切的脸"的温暖与慰藉而荡涤了他的绝望与悲观。姐姐给弟弟点灯，是手足之间一种亲情的流露；希洛给情人点灯，是情人之间一种真爱的表现；而陌生人家给友人点灯，则是人与人之间的一种关爱的展示。灯光是微弱的，但它传递出的这种亲情、爱情和友情，则是感人的，真挚的，值得赞美和讴歌的。

灯光启人：领悟知恩图报的真善人性

这寒夜里的"一点豆大的灯光"，"都可以给行人——甚至像我这样的一个异乡人——指路"。或为自己的弟弟；或为身边的情人；或为陌生的行人，这是一种有意的施惠。我们因此而得到了灯光的指引，"分到了它们的一点点恩泽——一点光，一点热"，获得了"勇气"和"温暖"，最终"找到了归宿"，甚至能"鼓舞一个出门求死的人多活了这许多年，而且使他到现在还活得很健壮"——给了友人第二次生命。这些都是我们在无意间接受到的恩惠。

从"施惠"到"受惠"，从"有意"到"无意"，我们感悟到了这灯光的温馨。但我们更感温馨的是，在这灯光的"指引"下，有许多的人，都自觉主动地做起了点灯人,人人都点灯,不就成了"火树银花不夜天"了么? 人人都施惠,不就成了"爱的世界"了么? 想到了这些,作者才坚信"在这人间,灯光是不会灭的",才"不觉对着山那边微笑了"。从中,我们感悟到了巴老那博大的心胸和真善的人性。

名家名作,常读常新。《灯》具有的这种象征意蕴之美,让我们真正明白了名作的无限魅力。品读文章,我们能清晰地感悟到巴老的睿智和伟大的人格情操。自己从中也受到了教育,得到了启发,获得了鼓舞,懂得了人生的许多道理。这就足矣。

（本文发表于 2003 年第 7－8 期《中学语文园地》,河南郑州,刊号:CN41—1254）

第二辑
　主旨情感解读：
　　打开梦想的天堂之门

问老舍:你究竟在想些什么?

——《想北平》情感主旨再探究

《想北平》是老舍散文中的名篇之一,是作者流寓青岛时所作。全文流淌着的是作者与北平之间浓得化不开的深厚情感。苏教版《教学参考书》(必修一)关于此文的情感与主旨有如下简洁表述:

作品通过对北京的描绘,写出了作者心中的属于他的北京,表现了他对故乡真挚的情感。

确实,读这篇文章,我们无不感动于老舍先生这满腔的赤子之情。"我真爱北平,这个爱几乎是想说而说不出的"。"言语是不够表现我的心情的,只有独自微笑或落泪才足以把内心表达出来。我爱北平也近乎这个"。"真愿成为一个诗人,把一切好听好看的字都浸在自己的心血里,像杜鹃似的啼出北平的俊伟"。"不说了吧,要落泪了"。作者在文中反复强调这种"想说而说不出"的深沉至极的爱的情感,折射出的是自己对北平如同对母亲一般无限的爱恋之情。这不是矫情,更不是作秀,而是发自内心深处的真情流淌。为表达这种情感,老舍在这篇仅 1500 多字的散文中,选择了一个独特的视角——"我的北平"。他将北平视为自己的专属,这是一种情感上的极度夸张之后的情绪化表述。老舍说:"我所爱的北平不是枝枝节节的一些什么,而是整个儿与我的心灵相黏合的一段历史,一大块地方。"他又说:"我最初的知识与印象都得自北平,它在我的血里,我的性格与脾气里有许多地方是这个古城所赐给的。"他还说:"北平的每一细小的事件中有个我,我的每一思念中有个北平。"老舍这样反复强调"我的北平",无非要表达"我"与"北平"之间亲如母子的情感。老舍特爱自己的母亲,这已是文坛佳话,他将北平喻为自己的"母亲"，目的在于强调"我"与"我的北平"之间"我"中有"你"，"你"中有"我"的亲密关系。两者之间已是融为一体，情不可分。因此，这种亲如母子的爱，自然就显得更为真挚和感人。这样一种独特视角的表述，超出了一般的客观描写。作者不仅要告诉读者北平是个什么样子，而且还要人们分享他对北平的爱，理解他和北平之间浑然一体的关系。他不是用笔在"写"北平，而是用心在"想"北平。

老舍确实是在"想"北平，但是这种"想"不是一般意义上的想，它不肤浅地指向于思乡怀人恋物。我以为，这种"想"应该是一种包孕于想之深爱之切里面的深深忧患：为北平的前途、命运、安危等的高度担忧，它体现了老舍先生忧国伤时的爱国情怀，也反映了一个知识分子的民族良知。谁言乡思非国恨？一腔热血为北平。我以为，这才是老舍先生在《想北平》中真正想要表述的情感，也是其写作此文的真正目的。由此说来，苏教版《教学参考书》对《想北平》的情感主旨的分析和定位是闪烁其词，语焉不详。学习此文，我们应该理解作者这种蕴含在"想"之中的深深忧患，学习他的爱国精神和社会良知。

为什么说这种"想"是一种深深的"忧患"呢？这和当时的时代背景有关。

苏教版《教学参考书》关于此文的写作背景有如下简述：

这篇散文写于 1936 年，作者当时不在北京。那时日本帝国主义已经加紧了对中国的侵略，丧权辱国的《何梅协定》的签订，适应日本侵略需要的"冀察政务委员会"的成立，都说明华北危急，北平危急。

此处提到的"何梅协定"与"冀察政务委员会"这两个概念，《教学参考书》没有作进一步的具体说明，高一的学生是不太理解的，我们教师也不一定清楚知晓。所以有必要稍作介绍。

《何梅协定》的主要内容是：取消国民党在河北及平津的党部；撤退驻河北的东北军、中央军和宪兵第三团；撤换国民党河北省主席及平津两市市长；取缔河北省的反日团体和反日活动等等。这个协定实际上放弃了华北主权,为两年后日本发动全面侵华战争埋下了更大的隐患。而早在 1935 年,日本帝国主义策划"华北五省自治",企图变华北为第二个"满洲国"。通过《秦土协定》和《何梅协定》,日本实现了对冀察两省的控制。国民政府军事委员会北平分会代理委员长何应钦因见华北形势日日复杂,借故溜回南京;行政院北平政务整理委员会委员长黄郛因与二十九军的矛盾也离开北平;河北省主席及平津两市市长也都因《何梅协定》满足日方无理要求而辞职。因此国民政府在华北的统治几乎处于无政府状态,而日本所策动的"华北自治"运动则日渐猖獗。国民政府在日本的逼迫下,下令改变华北的行政体制,于 11 月 26 日取消军事委员会北平分会和行政院北平政务整理委员会,于 12 月 18 日成立"冀察政务委员会"。这个委员会名义上隶属南京,实际上却为日本所控制。①

因此,当身在青岛的老舍耳闻目睹了这些时势变化后,不禁为北平的存亡而深深担忧。"要落泪了,真想念北平呀!"这意味深长的结尾,有如"曲终收拨当心画",使人情动于衷,感叹不已。是的,眼看着"我的北平"即将沦陷,作为一个爱国爱北平的知识分子,老舍忧心如焚,寝食难安,思念北平的情感,自然较平日更为强烈。这一声沉甸甸的复杂而矛盾的深情呼唤,充盈着的是一种民族的忧患意识、爱国情怀。它震人心弦,启人深思。艾青说过:"为什么我的眼里满含泪水? 因为我对这土地爱得深沉。"我们是不是也可以这样说:为什么老舍的眼里满含泪水? 因为他对"我的北平"爱得深沉。

行文至此,本可以结束。但笔者还想再补充一个问题。即:老舍为什么不直接表露自己的这种忧虑,而要故作含蓄,让读者自己去解读?

我以为,不是老舍要故弄玄虚。大胆猜测,应该是他不愿意按抒

---

① 摘自"百度百科",有改动。

情散文的常规写作模式去直白地写而已。老舍祖居北京，又生养在北京，从小对北京充满感情。后来因时势所迫，孤身在外流寓，所以自然充满对北平的想念之情。如果他是一个普通人，对别人哭诉自己如何想念北平，想念家人，那是很能博取同情，引发共鸣的。但毕竟老舍先生是个"人民艺术家"，他对自己的文章要求极高，直白地抒发这种平常的思乡怀人之情，无疑会使文章落入俗套，流于平淡，从而使文章缺少思想的深度和艺术的高度。所以，老舍采用了一种曲笔抒情、点而不说的间接手法，将真正的情感和写作目的巧妙地隐藏于字里行间的深深的"想"中，由读者自己去揣摩，去品味，去发现，为的是使文章达到一种"曲径通幽""柳暗花明"的艺术境界。

郑桂华老师在《从〈想北平〉的解读谈"非典型性散文"教学价值的开发》[①]一文中，分析老舍"为何要想北平的理由"时这样说：

说北平是千年古都、历史悠久、名胜众多？这是人人皆知的常识——没有必要这样说。说北平是"我"的老家？但想家是人之常情，一个成名作家、一个大男人说想家，无疑太做作——不好这样说。《想北平》写于抗战全面爆发的 1936 年，说是因为家乡被日本人占领，作者有爱国热情、有抗日主张才想北平？这个理由又太直露——不想这样说。而真正"想北平"的理由什么都不说，只介绍北平的日常生活及见闻，传达一种"家"的感觉，让读者自己去想，效果岂不更好？至少，从文章写法与作者感受上看，也别有一种意味。

我以为，这样的分析与理解是合情合理的。老舍确实是将北平视作自己的"家"，否则，他怎会采用"我的北平"的写作视角，并浓墨重彩地抒发这种母子般亲密不可分的情感呢？不像我们，生活在"天高皇帝远"的地方，一提起北平就立即想到她是古都，她是中国政治文化中心等而觉得无限神圣，心向往之。作为自小生活在帝王脚下

① 郑桂华.从《想北平》的解读谈"非典型性散文"教学价值的开发[J].语文学习,2010(6).

的老舍,对北平的印象,更多的应该是一种"家"的感觉。这是正常的文化地域的心理差异。而家是用来生活的,生活是美好的,美好的东西是珍贵的,它值得人永远怀念和珍惜。

所以,老舍不想别的,只想到了北平最能反映"家"的特色的城市建筑与布局、日常生活及其情趣,还有那些蔬菜、花草和果实等。这些东西,有的是直接描写,有的是比较烘托。细细小小,多多少少,都很琐碎、生活化,但都具有家的温馨,都在老舍的心中刻下了永不褪色的印记。因此,全文"想"的基调就不大可能是高昂激越、直白浅显的,所以只能采用含蓄婉转的手法加以艺术地表达。

(本文发表于 2011 年第 25 期《语文教学通讯》,山西太原,刊号:CN14—1017)

好一片永远常春的藤叶

——《最后一片常春藤叶》主旨解读综述与再析

　　《最后一片常春藤叶》是美国著名短篇小说作家欧·亨利的名篇之一。关于这篇小说的主题,历来有很多的研究和解读,也存有不同的见解和看法。归纳起来,主要有三种代表性的观点:

　　一是人性说。通过老贝尔曼自我牺牲画最后一片藤叶的感人故事,来歌颂底层人物的精神光芒,他们身上所具有的人性之美和高贵品质,不仅让我们深受震撼,更使读者心生敬畏。

　　二是信念说。通过琼珊战胜病魔重获新生的结局,告诉人们一个普遍真理:信念如灯,一个人在绝境中要有顽强的毅力和坚定的信念去战胜一切,哪怕在最最危难的时候。就如海明威所说的:"一个人尽可以被打败,但不可以被打垮。"

　　针对以上两种主题之说,孙绍振先生在其《〈最后一片叶子〉解读——词典语义与文本情景语义》①一文中,更是兼而论述,新颖别致,让人耳目一新。孙先生从语义的角度解读了《最后一片常春藤叶》的主题,通过"抱不抱活下去的决心""心事""最后一片叶子""杰作1""杰作2""一盏灯笼,还亮着"等文中的关键词句的深入解读,得出《最后一片常春藤叶》的重要主题是:"精神超越死亡""信念决定生命""歌颂为了他人的生命作出最大的自我牺牲的一种精神"等。这些论断和见解,让人颇受启发和教益。

　　三是艺术说。浙江省杭州高级中学的钟峰华老师认为,《最后一

_____

　　①　孙绍振.《最后一片叶子》解读:词典语义与文本情景语义[J].语文学习,2005(6).

片常春藤叶》要表达的核心主题应该是"艺术":

围绕艺术这一核心的是三个关键词,即:"批判""捍卫"和"救赎"。换句话说,《最后的常春藤叶》揭示的是艺术的三重主题:对于将艺术边缘化的病态社会的含泪批判、老艺术家对于艺术生命的誓死捍卫和艺术可以使人获得真正意义上的救赎。①

钟老师抓住了"艺术"这一关键词,提出小说要表达的是"批判""捍卫"和"救赎"这三重主题,也是见解新颖,别是一家。

而浙江宁波鄞州中学的卢杏琴老师运用 20 世纪现代主义和后现代主义文本中兴盛的"多重聚焦叙事方式",对《最后一片常春藤叶》的多元主题作过一次较为全面深入的解读。卢老师通过对小说主要人物"琼珊""贝尔曼""苏艾"等的梳理分析,认为小说借"琼珊"来表达"信念"的主题,借"贝尔曼"来表达"人性"的主题,而通过"琼珊和贝尔曼的共同故事",小说更深层次地在表达"艺术与人生的对接转化"的主题:

于此,我们感受到了贝尔曼有限生命的永恒延续和他生命的伟大意义——艺术可以使人获得真正意义上的救赎。②

确实,名家名作,常读常新。一篇经典,可任由读者作多元的解读评说。其实,无论是从语义的角度进行解读也好,从"多重聚焦叙事方式"的途径展开分析也罢,我们实际上在有意无意、不知不觉之间都忽略了一个基本物象——那一片"最后的常春藤叶"。

叶子是什么?是人生,是生命,是信念,是艺术的追求与价值,是每个为追求自己人生梦想而甘愿为之牺牲一切的精神之源和生命之光,是那个病态社会中唯一给人以活的勇气和生的希望的"星星之

---

① 钟峰华.《最后的常春藤叶》的主题三重奏:兼向孙绍振先生请教[J].中学语文,2012(Z1).

② 卢杏琴.《最后的常春藤叶》的多元主题解读:借用"多重聚焦叙事方式"的一次小说教学尝试[J].语文月刊:学术综合版,2010(9).

火"。小说中,作者以巧妙的构思,独具一格的写法,将时代、社会、生命、艺术、理想、信念、琼珊、老贝尔曼……,这全部的关系都聚合到那最后一片常春藤叶子上。可以这么说,这片叶子就是理解全文的中心点、关键处、切入口,是小说的"神经元"。脱离了叶子而单独地分析文章的主题,是有失偏颇和游离重心的。

"一片叶子何以能够拯救一个人"?这是阅读这篇小说时我们都无法回避的一个问题。欧·亨利先生为何不选用其他的花草树木,而偏偏独择此叶?这片魔幻式的常春藤叶到底含有怎样的意蕴呢?

其实,常春藤自古以来就被认为是一种神奇的植物,并且具有"忠诚、友爱、生命"等的象征意义。在希腊神话中,常春藤代表的是酒神迪奥尼索斯(Dionysus),一般寓意"欢乐与活力"。后来,尼采将酒神当作了音乐艺术的代表,常春藤于是又被视作"艺术"的代名词。如此说来,我们就不难理解,原来常春藤叶与艺术有如此密切的联系。所以在这篇小说中,常春藤叶就是艺术的化身。如此考证,我们才明白了道理,而这个道理,才是解读《最后一片常春藤叶》主题的最为重要的钥匙。

细读文本,我们可知这片"常春"的藤叶,已经远远超越了自然界那片叶子的生命有限性,才使它在凄风苦雨中永不凋落。这叶子也实现了琼珊的生命与艺术的对接转化,使琼珊超越了个体生命的有限性,获得身处逆境更应顽强存活的精神启发,才最后救赎了自己的生命。当然,这片"常春"的藤叶还使它的创造者——老画家贝尔曼获得艺术生涯的无限超越,实现了有限生命在艺术中获得的永恒延伸,成就了他的毕生"杰作"。我们清楚地看到,这位落魄潦倒、处在社会最底层的抑郁不得志的老年艺术家,大有尼采所认为的希腊艺术家的悲剧情怀。他先前不成功的艺术人生里充满着穷愁和痛苦,也流露出对这个社会的强烈不满,他整个一生都投入在对艺术事业的执着追求中,却梦想遥不可期,事业成功无望。作为一名艺术家,在他的生命中没有什么能比在艺术上成就一幅杰作更有意义和价值了。在琼珊病危之际，他有意无意地用自己的生命成就了自我人生中最后也是唯一的"杰作"，从而最终实现了他生命本质和生存意义的涅槃。于此，我们感受到了贝尔曼有限生命的永恒延续和他追求梦想的伟大意义——艺术可以使人获得真正意义上的救赎。

阅读小说，感悟这些身处底层社会中的小人物的感人故事，除了琼珊、贝尔曼等得到了救赎之外，在我看来，我们这些读者也应该是一样地得到了某种救赎——来自人性、信念和艺术等对于一个人生命和生存、灵魂和精神的救赎。因为，我们也一样地充满梦想，一样地期待成功，一样地遭遇坎坷和不平。

这样说来，这确实不是一片普普通通的叶子。这片叶子，是一片给人以生的希望和活的力量的神奇叶子；是一片牺牲了生命但又成就了艺术杰作的不朽叶子；是一片无数的追梦人为之苦苦奋斗和追寻着的想努力摘到手来见证自己成功的美好叶子；是一片身处黑暗却可以最终带给人生命光亮和心灵温暖的救赎叶子。

它是琼珊的救命稻草，也是贝尔曼的救命稻草。虽是最后一片，却均为生命的绝唱、人生的永恒。

它有特殊的魔力，能妙手回春，医治一个身患重病的人起死回生，能支撑一个处在极度困厄境地中的人重新燃起活下去的勇气和信念；也能助力一个人在困厄潦倒的处境中难以实现或者说根本不可能实现自己人生梦想的人成就梦想，活得有尊严，有价值。

它更是一剂救赎人、救赎病态社会的良方，让人在失望和绝望之中，不至于真正的沦落和毁灭。最终微笑到最后。

这难道不是"常春"？不算"杰作"？如此说来，《最后一片常春藤叶》主题，应是"人性""信念"和"艺术"这三者的多元并重，它们缠绕于这"最后一片常春藤叶"上，构成了小说的表层主题。

为什么说是"表层主题"？因为我们还需要探讨本文的写作目

的——作者大力呐喊艺术需要"杰作"、人生需要永远"常春"的原因。

在小说的开头、中间和其他部分,作者用繁笔极力渲染出这样几组对比鲜明的画面:画家与商人、艺术区与贫民窟、肺炎先生与弱小女人。贫穷、困厄、潦倒、抑郁不得志、艺术被弃置到一个被人遗忘的角落……不妨想想,在当时这样一个残酷的现实社会里,艺术的不断边缘化让人们心生悲观甚至绝望。我们是不是可以作这样一番大胆推测:琼珊为何患病?老贝尔曼为何自暴自弃?他们唯一的人生梦想是"去那不勒斯海湾写生"——这种人生梦想其实是多么可怜和低微啊,低微到令人怜悯和落泪。这说明什么?这就是那个让人失望甚至绝望的病态社会的真实写照,这就是残酷现实。作家详细地真实地描写了这样的病态社会,无非就是对它的含泪批判。

作为 20 世纪伟大的批判现实主义作家,欧·亨利对于当时的现实是有着清醒的认识的——他以审视的方式冷静观察,用批判的态度客观描述,又用幽默、讽刺等看似轻松诙谐的笔调对这个社会进行了"含泪的微笑的"批判。既有愤怒,又含无奈。所以他的作品中,对这种底层人物的光芒的赞美,是他创作的主要目的;他对当时黑暗社会的无情批判和揭露,也是他作品的一贯鲜明立场。

行文至此,透过"人性说""信念说""艺术说"三重表层的主题分析,我们是不是可以得出小说还有一层真正深刻的主题——"批判说"。欧·亨利正是要通过琼珊、贝尔曼"一喜一悲"的故事,来批判和揭露那个时代的黑暗与病态:所谓的艺术,所谓的"杰作",离追求它、热爱它的人们其实很远很远,要获得成功,你要付出异常艰辛的努力甚至生命的代价。因为在那个社会里,没有艺术的生存土壤,即使你用生命去换,也不一定能得到。实际上,从艺术的审美的标准去衡量,老贝尔曼用生命画成的藤叶真不能算为"杰作",这一点每个人都心知肚明。但为什么我们都一致认为是"杰作",我的理解是,除了是小说固然所需之外,套用鲁迅先生的话,作者无非是使用一下"曲笔",让作品显出若干的"亮色",从而使人有活下去的勇气、希望和力量。

　　这,才是真正的救赎,"鲁迅式"的救赎,它体现出一个伟大作家的责任担当与良知。而唯有这样的救赎和担当,才能从根本上让一切生灵走向"常春"。

　　(本文发表于 2018 年第 28 期《语文教学通讯》,山西太原,刊号:CN14—1017)

是什么拯救了你，琼珊？

——兼论《最后一片常春藤叶》的主题

　　《最后一片常春藤叶》是美国著名短篇小说作家欧·亨利的作品。小说描写了一位老画家为患肺炎而奄奄一息的穷学生琼珊画最后一片常春藤叶，从而使得她战胜了病魔的故事。作品主人公老贝尔曼是一个在社会底层挣扎了一辈子的小人物，一生饱经风霜、穷困潦倒，却热爱绘画艺术，渴望成就自己的艺术杰作，却为挽救一个青年画家的生命而献出了自己的生命。

　　关于这篇小说的主题，历来的理解都停留在赞美老贝尔曼"舍己救人"的人性之美的层面上。如江苏教育出版社 2014 年 7 月第 6 版的《教学参考书·语文必修二》第 5 页，就有如下代表性表述：

　　在这篇小说中，作者讲述了老画家贝尔曼用生命绘制毕生杰作，点燃别人即将熄灭的生命火花的故事，歌颂了艺术家之间相濡以沫的友谊，特别是老贝尔曼舍己救人的品德。

　　是的，读这篇小说，我们无不感动于老贝尔曼这种"舍己救人"的高风亮节。用自己的死去换取别人的生，这种精神，在任何年代、任何社会，都应是值得好好歌颂和赞美的。我们可以想象，在那个凄风苦雨的晚上，一个六十多岁的性格暴躁、酗酒成性、牢骚满腹、抑郁不得志的老画家，为了拯救一个与他同居一处，在人生经历和艺术追求上有着相似坎坷命运和遭遇的青年画家——琼珊的生命，是怎样淋着雨，冒着风，受着寒，跟跟跄跄地爬到离地面二十多尺高的墙上，独自一人颤抖着调拌颜料，在墙上施展他全部的画技，终于画成了他毕生唯一的一幅"杰作"——最后一片常春藤叶，从而让那个画家战胜了病魔，重获新生。从这个角度而言，老贝尔曼"舍己救人"的高贵品德理当歌颂，必须赞美。这确实应该是这篇小说要着重表达的主题之一。

但问题是，这片用生命画成的叶子真的是拯救琼珊的唯一一根"救命稻草"吗？我相信很多读者都会不约而同地说"是"——小说不是写得清清楚楚、明明白白么？——是这片最后的常春藤叶让琼珊看到了生的希望，从而有了活下去的勇气和力量。是的，这并没有错，作家欧·亨利也确实如此写着。但如果我们再仔细地想想：其实藤叶就是藤叶，在常人常态之中它并没有什么特殊之处。只不过处在身患重病这样的境地，相对琼珊这样的病人而言，这片叶子就变得与众不同——在她的眼里和心中，这是一片决定她能否战胜病魔、获得新生的叶子，是一个临死之人唯一的精神寄托和信念支撑。于是，这叶子也就有了不同寻常的魔力，成了她的"救命稻草"。所以，这又是一片不一样的叶子，它承载着一个人的厚重而鲜活的生命，寄托着包括琼珊、苏艾在内的无数普通民众对美好生活、美好未来的憧憬与向往。从这个角度而言，这片叶子就不再是一片单纯而普通的叶子了，它更是一种希望、一种信念、一种力量。这种希望、信念和力量，从心理学和社会学的角度来说，是人类引导自我前行的本因。在有的时候，它是人的意志行为的基础，能激发一个人的潜在精力、体力、智力和其他各种能力，来实现与基本需求和欲望相应的行为。所以，正是这片最后的常春藤叶，被琼珊（其实是被作者）寄予了一种对生活、对生命、对未来世界的美好希望和坚定信念，成了她人生中的"救命稻草"，才让她最终战胜了病魔，获得新生。这，才是琼珊能活下来的真正原因。

这样说来，仅用"歌颂老贝尔曼舍己救人的品德"这句话来概括整个小说的主题，就显得有失偏颇和肤浅了，是明显的"只见叶子不见森林"——没有深入领会到叶子寓含的真正意义和价值，没有很好理解老贝尔曼画的这幅"最后的常春藤叶图"为何能成为"杰作"的原因，更没有理解作家写作此文的真正意图与目的。

实际上，这片最后的常春藤叶，从艺术的审美的标准去评价，客观地讲，并不能算作"杰作"——老贝尔曼的画技决定了这幅画的艺术水准。他只是一个一般水平的画家，"他操了40年的画笔，还远没有摸着艺术女神的衣裙"。"除了偶尔画点商业广告之类的玩意儿以外，什么也没有画过"。尽管他梦想有朝一日能有自己的杰作问世，以实现自己的艺术理想和人生追求。但现实是，他一直以来似乎很不得志，他只是一个无人赏识，连生活都难以维系的穷画工而已。虽然他倾毕生画功于一晚，画成了这片最后的常春藤叶，但这片叶子只是瞒过了重病中精神恍惚的琼珊，却骗不了同处一室的苏艾："亲爱的，瞧瞧窗子外面，瞧瞧墙上那最后一片藤叶。难道你没有想过，为什么风刮得那样厉害，它却从来不摇一摇、动一动呢？"琼珊与苏艾，其实是与贝尔曼差不多类型的人物，一样以画为生，一样追求梦想，但也一样画技平平。所以，连苏艾都能一眼看出其中的破绽，可以断定这其实真不是什么真正意义上的"杰作"。如果我们再来个假设——这片最后的叶子在风雨中慢慢褪色了或者让琼珊看出了真伪而导致她最终不治身亡。试问，我们还能说它是"杰作"吗？

但我们之所以都认定它是杰作，就因为这是老贝尔曼用自己的生命画成的，而且更为重要的原因是，它挽救了另一个人的生命——让生命得到有价值的延续，使梦想获得了成真的机会。这让活着的人们看到了人生的希望和生活的美好。作家正是通过这样的情节构思和人物命运变化，满怀深情地鼓励人们：无论身处何种逆境，不管遭受什么打击，信念在，希望就在，幸福也在。我以为，这才是这篇小说所要着重表达的主题，也是作家写作此文的真正目的。从这个角度去理解贝尔曼的"杰作"——这片最后的常春藤叶，它的意义和价值就显得无比崇高和伟大，它让我们看到了生活中前行的光亮和希望,感受到了人与人之间的温暖与美好,从而让整个小说有了温度,有了亮色,有了乐观向上的基调,也有了"含泪的微笑"的辛酸——这是欧·亨利小说的主要创作风格和基调。

如果我们稍作分析,欧·亨利的这种"含泪的微笑",其实与鲁迅对当时的国民"哀其不幸,怒其不争"的态度是比较相似的。为了给作品以亮色,给民众以希望和信心,他们都在作品中不约而同地运用了"曲笔"手法。"所以我往往不恤用了曲笔,在《药》的瑜儿的坟上平空添上一个花环"。《药》这篇小说弥漫着一股凄清,阴冷,窒息,压抑的色调,尤其是结尾关于坟场环境的描写文字,更是让人感到阴森恐惧。可是,"瑜儿坟上"的一圈花环——这清白、零星的小花给作品增添了一点热度和亮色,暗示着革命者流血牺牲却后继有人,从而给人以信心和希望。人们有理由相信,夏瑜的同情者和继承者们一定会发扬夏瑜的精神,光明终究会有到来的时候。同样道理,《最后一片常春藤叶》描写的也是一群生活在社会最低层的艺术工作者的贫困现实。他们有理想,有抱负,但因为种种原因,他们的生活都很不如意,都在为生计、为梦想苦苦追寻。琼珊的患病,就是这种现实与梦想的双重压迫所致。在她身患重病而对自己产生绝望之时,那片"最后的常春藤叶"——风雨不凋,傲然枝头,给绝望之中的琼珊带来了希望和信心,才使得这个鲜活的生命没有消逝,死亡的悲剧没有重演(老贝尔曼之死是悲剧)。"我希望有一天能去画那不勒斯的海湾"。它给了作品以亮色,并让人们相信,苦难终会过去,黎明必将到来。

这样说来,称这片叶子为"杰作",不仅仅是出于对老贝尔曼舍己救人的人性之美的最高褒奖,更应该是出于他用生命换来的叶子重燃了琼珊"生的希望"的信念之灯的虔诚敬畏。有的时候,物质条件是否优越并不重要,重要的是人的内心世界、精神世界是否强大。巴金说过,"我们不是单靠吃米活着的"(《灯》)。是的,一个人,尤其是在最痛苦、最困厄、最迷茫的时候,是最需要有强大的精神鼓舞和信念支撑的。信念如灯、如火，可以启明，可以驱寒，可以燎原，可以给在苦难中的人们以生的勇气和活的希望。"几盏灯甚或一盏灯的微光固然不能照彻黑暗，可是它也会给寒夜里一些不眠的人带来一点勇气，一点温暖。"这是巴金老人的人生哲学，这又何尝不是欧·亨利的为文之道呢？

众所周知，欧·亨利长期生活在社会的最底层，他一生几乎过着颠沛流离、穷困潦倒的生活。但即使在这样的处境中，他仍心怀美好，笔耕不辍，用手中的笔描绘着这个世界的美好。综观他的整个创作，同情下层社会民众的悲惨命运，歌颂普通人的人性之美，是他文学创作的永恒主题。特别是着力挖掘和赞美小人物的伟大人格和高尚品德，塑造个性鲜明的人性形象，展示他们向往未来世界的美好愿望，从而反映那个时代里美国普通民众虽际遇坎坷却不乏信心和希望——这，才是欧·亨利写作小说的真正目的和动因。

从《最后一片常春藤叶》中，我们可以清楚地看出欧·亨利小说这种一以贯之的创作主题。小说中的老贝尔曼、琼珊和苏艾，都是身处社会底层，为生计、为自己的艺术梦想在苦苦挣扎和努力追寻的人。他们虽然生活困窘，但仍不失对美好明天的希望，梦想着有朝一日能有自己的"杰作"问世，能去那不勒斯的海湾写生。虽然最终一个以死践志，一个以生明志，但我们还是从他们身上，看到了光明，感到了温暖。欧·亨利正是通过这样的故事与情节，在含泪地提醒我们：尽管生活如此艰辛，但千万不能失去信念，走过寒冷的冬季，你才能迎来人生的美好春天。

（本文发表于 2016 年第 8 期《教育学》，中国北京，刊号：CN11—4297G）

从祥林嫂的"死"看礼教思想的荒谬性

——兼析《祝福》的主题

福建师大教授孙绍振先生在其《杂文家鲁迅和小说家鲁迅》（见《名作欣赏》2009 年第 4、5、11 期）一文中，将鲁迅在其小说中写人的死亡归纳为 8 种，认为祥林嫂的死亡是最为精致深邃的一种。孙先生指出，鲁迅不但善于写喜剧性的死亡，如阿 Q 的死，而且也善于写悲剧性的死，如祥林嫂的死。孙先生认为鲁迅将祥林嫂的死写得很深刻，"超过任何我们古典小说史上那种死亡的写法的艺术高度，甚至于跟林黛玉的死亡都不一样"。笔者觉得很有道理，在此也想补说几句。

何谓"悲剧"？用鲁迅自己的话说，悲剧即是将人生有价值的东西毁灭给人看。悲剧以悲惨的结局，来揭示生活中的罪恶，给人以悲愤及崇敬。从美学的角度而言，一般分英雄悲剧、家庭悲剧、命运悲剧和历史悲剧四种。而祥林嫂的悲剧，既不是英雄的悲剧，也不是历史的悲剧，主要是命运的悲剧，其次还可说是家庭的悲剧。鲁迅通过写祥林嫂的死亡，一来揭露旧中国封建礼教思想"吃人"的本质，二来批判旧社会包括民众的荒谬可笑。如果再概括一点，就是批判封建礼教思想的罪恶。因为导致社会荒谬可笑的罪魁祸首就是封建礼教思想。这种礼教思想在当时社会中真实而普遍地存在着，深入人心，天经地义，成为一种神圣不可侵犯的圣物。鲁迅通过写祥林嫂的死，让我们看到了这种思想的"吃人"本质和"荒谬"特征。这就是《祝福》这篇小说所要批判的主题，也是祥林嫂之死暴露出来的悲剧意义和社会价值所在。

下面具体分析之。

祥林嫂为什么会死？是以鲁四老爷为代表的封建统治者杀死了祥林嫂；是封建礼教思想无形中吃掉了祥林嫂。这一切都源于她是一个寡妇。"寡妇门前是非多"——祥林嫂多的倒不是有男人勾引她或者她勾引男人之类的是非，她多的是非是婆婆虐待她，婆婆要卖了她，她活得很不如意等。祥林嫂抗婚是对夫权的坚守，而从婆婆家出逃则是对族权的不忠。夫权与族权激烈冲突，族权最终战胜夫权，这就是礼教思想荒谬性的真实写照之一。

而对于这种"荒谬可笑"的礼教思想，人们都是习以为常，或者说是心安理得，所以也显得荒谬可笑。四叔虽然说过"可恶，然而"之类的话，对祥林嫂的不贞虽有些厌恶，但内心里却是认从了她的出逃和算计于为自家干活出力，很是自私和虚伪，所以四叔是个不讲理的荒谬的理学家。鲁四妈妈也伪善，虽然收留了祥林嫂，但始终不让她拿祝福的祭品，也不是好东西。祥林嫂最终"嫁"给贺老六，生活很幸福，人也很白胖，都生下了儿子阿毛，但"大家仍叫她祥林嫂"，没有人想到叫她"老六嫂"。说明鲁镇的人都不认同祥林嫂的这种"事实婚姻"，有悖于常理常情，骨子里流露出来的是封建贞节思想。他们感兴趣的是祥林嫂最终怎么会依从老六的，对她死了丈夫没了儿子这种悲惨的遭遇却丝毫没有同情和怜悯，甚至拿这个取笑、嘲讽她。即使如柳妈者，这个从不做杀生事的善女人，很好意地劝祥林嫂去捐门槛赎身，从而争得平等清白做人的资格，最终却反而将祥林嫂推向了死地，是不是也很荒谬和悖理？凡此种种，足见当时的社会民众是极其荒谬可笑的。处于社会上层的统治阶级不觉得这个社会荒谬可笑，不觉得自己做的事不合理；处于社会底层的那些被侮辱被摧残的民众也一样不觉得这个社会不合理，不觉得自己可悲。这就鲜明地暴露出社会的荒谬性和民众的愚昧性，从而增强了祥林嫂死亡的悲剧意义和社会价值。

　　且让我们再看看主人公祥林嫂自己，她是不是也一样的荒谬可笑呢？她在被卖到贺家墺时，"一路只是嚎，骂"，抬到贺家墺，"喉咙已经全哑了"。出轿时，"两个男人和她的小叔子使劲地擒住她还拜不成天地"。这还不算，她还一头撞到香案角上，头上碰出一个大窟窿，鲜血直流。这种反抗真可谓是"异乎寻常"，但这是不是有些荒谬甚至野蛮呢？她的这种所谓的反抗其实是"一女不嫁二夫"的封建贞节观的体现，她反抗时如此自然而且潜意识，反抗得这么出格和猛烈，从一个没有文化知识的底层妇女的层面去衡量，是显得荒谬悖理的。还有，当柳妈告诉她死后要被劈为两半，并为她想出"捐门槛"的妙计时，祥林嫂非常恐惧地相信了，也毫不怀疑地去捐门槛了。甚至在临死之前，还在担心死后要被锯成两半。这些非常荒谬可笑的事情，在包括祥林嫂在内的当时民众的心里却是非常合理可信的。所以，祥林嫂自己也是荒谬可笑的。

　　综上所述，封建礼教思想的荒谬让整个社会变得荒谬，也使生活在这样的社会里的人变得荒谬。但问题是，他们都不觉得自己荒谬，而是"活得有趣"，这才是真正的荒谬。鲁四老爷如此，鲁四奶奶如此，婆婆如此，鲁镇的人如此，祥林嫂如此，连不杀生的吃素的善女人柳妈也如此。他们愚昧麻木，不分是非，深受封建礼教思想的浸淫和毒害，沉睡在"铁屋子"里，"从昏睡入死灭，并不感到就死的悲哀"。鲁迅正是通过祥林嫂的死，愤怒抨击封建礼教的荒谬性和民众的劣根性，让人感到悲哀和绝望。

　　祥林嫂之死暴露出来的荒谬性的第二层意义，是死亡本身的荒谬性。这主要指向于祥林嫂的"死不逢时"。"不早不迟，偏偏要在这时候——这就可见是一个谬种"！从鲁四老爷愤怒的责骂声中，屈死的祥林嫂连死的时间和权利都被剥夺——不合时机，不适时宜。这样的怪论歪理，是不是尤其显得荒谬可笑？是不是更能增加小说的悲剧意义和讽刺意味？

本来嘛,死亡是人力所不可抗拒的,什么时候死是由不得个人的意志决定的。但老天爷就是要跟祥林嫂过不去,不早不迟,偏偏要在这时候——年终祝福大典——让祥林嫂死去。年终祭祖祀神求福,是千百年来不变的礼教习俗,是鲁镇家家户户最为隆重的仪式。"年年如此,家家如此——只要买得起福礼和爆竹之类的,——今年自然也如此"。富人要祈求来年的幸福,要进行神圣的祝福。但拜的却只限于男人,女人只有在冰寒的水里洗福礼的份,像祥林嫂这样不干不净、败坏风俗的寡妇更是连洗的端的权利都没有。祥林嫂被赶出鲁四老爷家,沦为乞丐,最终在冰天雪地里,在富人们的一片祝福声中悲惨地死去,无人关心和同情,反而被诬为"谬种"——冲犯了鲁镇祝福时刻的吉祥与喜庆,消抵了来年的好运气,难怪要为鲁四老爷之流所怨恨和晦气。如果她死在别的时间、别的地点,就不会被人骂作"谬种"了,也不会被"活得有趣的人们""怪讶她何以还要存在"。这样才是"为人为己,也还都不错"。但祥林嫂偏偏"死不逢时",偏偏是个"谬种",这是不是很荒谬呢? 如果我们认真地想想,到底谁是真正的谬种? 恐怕应该是鲁四老爷,是卫老婆子,是那个荒谬社会里的荒谬的人们。

总之,鲁迅写祥林嫂,写她悲剧性的死亡,就是要批判封建礼教思想的荒谬与可笑。正是这种荒谬与可笑,才导致整个社会和生活在社会中的人的荒谬与可笑,这才是它"吃人"的本因所在,我们时常说"封建礼教吃人",礼教思想为什么能吃人? 其本身的这种荒谬性与野蛮性就是根本原因。分析祥林嫂的死,可以清楚地得到印证。

郁达夫在《怀鲁迅》中有如下名言:"因鲁迅的一死,使人自觉出了民族的尚可以有为,也因鲁迅之一死,使人家看出了中国还是奴隶性很浓厚的半绝望的国家。"我们是不是可以改变一下,来解释鲁迅写作《祝福》的动机。

因祥林嫂的一死,使人自觉出民众的愚昧与落后;也因祥林嫂之死,使人看出了封建礼教思想的荒谬与吃人的罪恶。

　　(本文发表于 2012 年第 2 期《中学课程辅导·教师通讯》,山西太原,刊号:CN14—1307)

究竟是谁砸碎了清兵卫的葫芦？

——《清兵卫与葫芦》主旨新解

人教版选修模块《外国小说欣赏》第五单元选用了日本作家志贺直哉的小说《清兵卫与葫芦》。关于此文的主题，配套的人教版《教师教学用书》（2007 年 2 月第 2 版）第 84 页中有如下论述：

《清兵卫与葫芦》1913 年 1 月 1 日发表在日本最大的报纸《读卖新闻》上，是志贺直哉早期短篇小说的代表作之一，体现了作者简练、活泼、自然的语言风格和个性解放、人道主义的精神追求。它讲述了一个小学生热衷于葫芦，并且对于鉴赏和收藏葫芦有特别的天赋，但最终在老师和父亲的压力下被迫放弃爱好的故事。

它有两层题旨。

首先，它表达了对"大人"在不知就里的情况下，粗暴扼杀孩子的天性和天赋的一种批评，也表达了对追求个性自由发展的期望。

其次，在更深一层，这篇作品也传达了作者对美和自然在恶俗的时代氛围中处境艰难、倍感孤立的忧思。

这种认识和分析似乎没错，但笔者认为此文的题旨应该是重在揭露、批判武士道精神尤其是军国主义摧残、迫害人的罪恶。《教师教学用书》的这种论述，显得不够确切且有避重就轻之嫌。

我们都知道清兵卫的葫芦是被他父亲砸碎的。父亲不仅砸碎了葫芦，还使劲责打了清兵卫一顿。我们不禁要问：父亲为何要如此大发雷霆？如果说父亲平时喜欢的是马琴的葫芦，不喜欢这种"清兵卫式"的小葫芦，因而砸碎了清兵卫的葫芦，那他早就该砸了。因为作为父亲，儿子痴迷葫芦的事他是知道的，但为何早不砸，晚不砸，偏要在教员来家告状后这个时候砸呢? 原因很简单,出于对武士道的敬畏和害怕。

按一般的情理,教员去学生家打小报告也是日常小事,平时我们的生活中都有可能经历,我们会很重视但也不至于紧张到"吓得只是战战兢兢地不敢出声"的地步。但小说中清兵卫的母亲被吓成这个样子,清兵卫自己也是"吓得什么似的,在屋角里缩成一团",可见这个教员的不同一般。

他确实不同一般,他是外地人,喜欢武士道,而且称得上是绝对的痴迷与虔诚。小说对这个教员有如此一段精彩的介绍和描述:

这位外来的教员,对于本地人爱好葫芦的风气心里本来不舒服;他是喜欢武士道的,每次名伶云右卫门来的时候,演四天戏,他倒要去听三天。学生在操场里唱戏,他也不怎么生气,可是对于清兵卫的葫芦,却气得连声音都抖起来,甚至说:"这种小孩子将来不会有出息的。"于是这个清兵卫葫芦,终于被当场没收,清兵卫连哭也没有哭一声。

为什么教员对当地人喜欢葫芦会不舒服? 尤其是对清兵卫的葫芦"气得连声音都抖起来",甚至妄下断论:"这种小孩子将来不会有出息的。"细读此段话,很有意味。

教员喜欢武士道,这种喜欢绝不亚于清兵卫对葫芦的喜欢,一样都是"超级粉丝"。"每次名伶云右卫门来的时候,演四天戏,他倒要去听三天"。"云右卫门"即是桃中轩云右卫门,这是一个表演歌颂武士道的浪花节演员。[1] 这个平时不看戏甚至讨厌看戏的教员,在云右卫门来表演武士道时,却要4天中看整整3天,可见他对武士道的痴迷程度。实际上,整个日本大和民族绝大多数人都喜欢武士道,只是偏偏清兵卫所生活的地方的人不喜欢,所以教员会心里不舒服。因

---

[1]　摘自《教师教学用书》。

为这和整个国家崇尚武士道的风气不合。不光不舒服,而且应该是很不解。我们都知道,武士道是日本特有的,在日本很普遍,它以为君主不怕死、不要命的觉悟为根本,强调"毫不留恋的死,毫不顾忌的死,毫不犹豫的死",为君主毫无保留的舍命献身精神。武士道是日本军国主义的思想源头。武士道既是日本武士的人生观和世界观,又是武士应尽的义务和职责,包括效忠君主、崇尚武艺和绝对服从等封建道德规范及行为准则。武士道对日本政治和社会生活各方面的影响极其深远,使日本具有了军国主义思想文化的传统。在日本民众中,武士很多,不是武士但喜欢武士道的人也很多。连小学教师(如文中的教员)都是武士道的崇拜者,可见它的普遍程度。但偏偏是清兵卫所在的这个地方的民众却不喜欢武士道,这就使得教员心里很不解也很不舒服。大人如此,小孩也如此,这就更让教员恼火。在他看来,喜欢武士道的人才是有出息的,否则是不会有什么出息的。清兵卫喜欢葫芦而不喜欢武士道,在"修身课"①上偷玩葫芦,这是教员心中最大的痛与恨。清兵卫与教员之间这种喜欢与不喜欢,构成了小说最主要的矛盾冲突,它是导致清兵卫的葫芦被砸的本质原因。

还有,作家在文中巧妙地写到了武士道在日本民众心里的一种特殊地位:人们普遍对其怀有一种敬畏恐惧的心理。小说中清兵卫和他的母亲如此害怕教员,都能很好地说明这一点。作者详写清兵卫母子的这种恐惧与害怕,实际上是要借此揭露武士道对日本民众的摧残与迫害,从而批判武士道精神的罪恶,表达自己对军国主义的强烈不满。所以,当母亲将教员来家里告状的事告诉清兵卫的父亲时,父亲"立刻抓住正在身边的清兵卫,使劲揍了一顿",然后"拿起槌子将葫芦一个一个地砸碎了"。可见,教员来家里告状才是砸葫芦事

① 修身课本来是传授道德、伦理的课程,后来发展到向学生灌输军国主义思想。

件的导火线。而探究父亲砸碎葫芦的心理原因，一是出于对清兵卫不听自己的话，惹事生非的恼恨，二是出于对教员（武士道）的敬畏和害怕。从行为心理学的角度而言，这种砸葫芦的行为是因内心恐惧害怕而欲将功补过的自然心理反应。

这样看来，扼杀清兵卫个性自由发展的真正凶手是武士道，不是家长制。清兵卫父亲充其量只是个帮凶而已。是以教员为代表的武士道或说是军国主义扼杀了清兵卫的个性，制造了清兵卫的个性悲剧。小说通过记叙这样一个悲剧，来揭露和批判武士道精神尤其是军国主义的罪恶，从中表达作者对其的讽刺与不满。而小说结尾处点出葫芦的高价，则更是反衬武士道的罪恶，更具讽刺意味。所以，《教师教学用书》说是对"大人"的批评就显得不够确切和深刻。

让我们再来探究一下有关时代背景。这篇小说发表于1913年——第一次世界大战前夕，当时日本国内的军国主义和功利主义的气氛相当深厚，特别是在军国主义意识支配下的武士道，对内成为毒化和控制日本国民思想的工具，对外则疯狂扩张，踏上侵略亚洲各国的道路，同时也将日本民族引向灾难，成为侵略战争的罪恶之源。作为一个有良知、不为日本军国主义摇旗呐喊的正义作家，志贺直哉对军国主义、侵略战争是非常痛恨的。他早年关心日本足尾矿中毒事件，对无产阶级作家小林多喜二的惨死深表同情。在整个二战中，他以沉默来抗议日本政府等，都表明志贺直哉是一个有良知、讲正义的反战作家。这种正义和良知，不光为日本民众所熟知，也为中国等周边国家的人所知晓。郁达夫曾在20世纪30年代对志贺直哉的作品和人格作过很高的评价，甚至认为他"大可比得中国的鲁迅"。我们是不是可以这样理解，正是日本国内浓厚的军国主义气陷，让志贺直哉心里有了忧虑和不安，于是用手中的笔进行了大胆的揭露和批判。但出于政治方面的考虑，小说借清兵卫的故事来表达内心的不满，顺便也借机讽刺一下自己的父亲，于是写得含蓄而隐晦。

综上所述,笔者以为此文的主题不应仅仅停留在批判家长制和追求个性自由发展的表面上;而"在更深一层,这篇作品也传达了作者对美和自然在恶俗的时代氛围中处境艰难、倍感孤立的忧思"的表述。实际上,这种"忧思"就是对武士道精神尤其是军国主义的深深担忧。因此,小说的主题就是在批判、揭露武士道精神尤其是军国主义的罪恶。笔者在此斗胆妄论,欲抛砖引玉,敬请专家同仁批评指正。

(本文发表于 2012 年第 587 期《中学语文报》,浙江杭州,刊号:CN33—0701)

高尔基:你为何而痛苦?

——兼析《丹柯》的主旨

高尔基,原名"阿列克赛·马克西莫维奇·彼什科夫",也叫"斯克列夫茨基",苏联伟大的无产阶级作家,列宁说他是"无产阶级艺术最伟大的代表者",社会主义、现实主义文学奠基人,无产阶级革命文学导师,苏联文学的创始人。"高尔基"是他于 1892 年发表处女作《马卡尔·楚德拉》时采用的笔名,完整的名字应是:马克西姆·高尔基。

在俄语中,"马克西姆"的意思是"最大的","高尔基"有"痛苦"之意,连起来就是"最大的痛苦"。明白了这个笔名的寓意之后,我们自然会生发一个问题:高尔基为何要取这样一个笔名?他痛苦的又是什么?

且让我们从解读他的小说《丹柯》的主旨入手,来回答上述问题,或许能领悟一二。

《丹柯》选自《伊则吉尔老婆子》,原文中没有这样的题目。人民教育出版社在编写《外国小说欣赏》选修教材时,将它收录其中,并取了这个文题。《伊则吉尔老婆子》是一部具有浪漫主义色彩的民间传说,高尔基采用寓言式的结构来进行描述。这类小说的主人公多是一些极力思考生活意义、寻找新生道理、内心充满激烈思想冲突的英雄人物,"丹柯"即是这类人物的典型代表——英雄,但却是个悲剧英雄。

小说的情节很简单,一群族人受到外敌入侵,被迫逃离自己的家园。他们来到了森林,却陷入了绝境——后有敌人的追杀,前是巨木的挡道,两者都有死亡的威胁。在这样的生死险境中,英雄丹柯挺身而出,自觉带领族人走出了森林,找到了幸福。而在带领族人走出绝境的过程中,族人的忘恩负义与丹柯的自我献身形成了强烈的对比与反差:勇士丹柯用自己熊熊燃烧的心为族人照亮前进的道路,甘愿牺牲自己,一心为公,最终让整个族人逃离敌人的追杀和森林中种种死亡的威胁,获得幸福;而他的族人却从开始的感激到慢慢的不信任,再到怀疑、辱骂甚至要杀死他,最后竟恩将仇报,一个胆怯的族人一脚踩碎了丹柯的心⋯⋯高尔基运用浪漫主义的手法,通过鲜明的对比与反衬,给我们塑造了一位舍己救人、一心为公,死后却没有好下场的悲剧英雄形象。

细读文本,我们不难发现,勇士丹柯用自己的生命换来族人的幸福,结局却是无人"喝彩"和"赞扬",甚至竟被一个胆小的族人踩碎了心。小说的悲剧力量令人震撼,但同时也让我们深思:高尔基写这样的悲剧英雄,写这样的愚昧族人,到底用意何在?这,需要从小说反映的俄国社会现实上去寻找答案。

我们知道,高尔基早期的创作多为短篇小说。其中,《马卡尔·楚德拉》和《少女与死神》、《伊则吉尔老婆子》和《鹰之歌》等作品以黑暗与光明的强烈对比,歌颂向往光明及为人民大众的利益献身的英雄人物,具有鲜明的浪漫主义特色。而这些作品,其写作主题与作者身处的社会环境是密不可分的。联系一下当时的时代背景,正是俄国沙皇专制时期——社会腐朽、民众麻木,一切犹如黎明前的黑暗时分。那时的俄国人民,生活在沙皇专制的"铁屋子"里,都是一些"熟睡的人们",他们思想麻木、愚昧无知;他们安于被奴役的现状,不思反抗、不图进取;他们对于那些企图改良这个黑暗社会的先知先觉的革命者,不理解、不支持,甚至冷嘲热讽、恩将仇报。这是怎样的一个黑暗社会!高尔基正是看到了这样的社会现实,深悲民族国家的前途无望,才用自己手中的笔,用文学的方式进行大声的"呐喊",以揭示国民的劣根性,唤醒麻木的人民起来抗争,以争取自己的幸福,改良这个腐朽的社会。

由此可见,高尔基的"最大痛苦",不是自身个人的痛苦,而应是基于社会黑暗、民众愚昧、国家民族的前途无望而产生的深深痛苦与忧虑。"不在沉默中灭亡,就在沉默中爆发"。面对这样一个黑暗的时代与社会,作为一个有着高度社会责任感和文学良知的无产阶级革命文学导师,高尔基自觉承担起了"天下兴亡,匹夫有责"的重任。然而,他面对的却是一群愚昧无知、忘恩负义,即使有人替他们找到了幸福,他们却对幸福背后的英雄不闻不问,甚至恩将仇报的国民——这是何等的悲哀与痛苦!正如郁达夫的名言:没有伟大的人物出现的民族,是世界上最可怜的生物之群;有了伟大的人物,而不知拥护、爱戴、崇仰的国家,是没有希望的奴隶之邦。我以为,这就是高尔基的最大痛苦之所在。

正因如此,高尔基才会像中国的鲁迅一样用文学来改良社会,表现人生。两人的创作目的,两人对民众的态度情感,两人所处的社会现实,等等,是何其一致:同是受压迫受剥削的民族,同为愚昧无知、麻木落后的民众,同样怀抱救国救民思想用文学来救国救民,异曲同工地塑造出浪漫主义的悲剧英雄丹柯与现实主义的悲剧英雄夏瑜……

哀莫大于心死。"哀其不幸,怒其不争"。"我的取材,多采自病态社会的不幸的人们中,意思是在揭出病苦,引起疗救的注意"。且让我们用鲁迅的这些名言,来解读《丹柯》,解读高尔基,并为此文作结。

(本文发表于 2010 年第 3 期《中学语文报》,浙江杭州,刊号:CN33—0701)

第三辑
　　人物形象鉴赏：
　　　走近心中的哈姆雷特

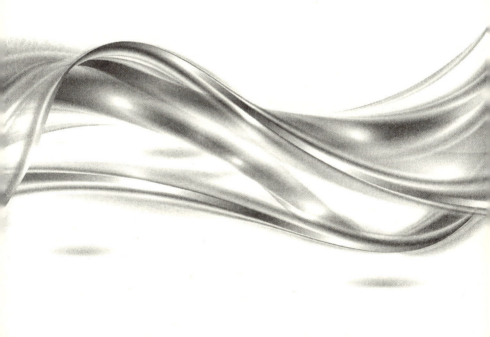

拿什么拯救你

——关于《礼拜二午睡时刻》中"小偷"的道德评判

一

在这个社会里,只要我们一提到"小偷",人们大都会报以憎恶的态度和鄙视的眼光。是的,无论古今还是中外,在任何年代的道德审判席上,"小偷"这一身份都不具有道德优势和悲悯价值,而只能是一个被审判被歧视的角色。

这一点毫无异议。在《礼拜二午睡时刻》一文中,如下文字就是明证。

神父又走到柜子跟前。在柜门里钉子上挂着两把大钥匙,上面长满了锈。在小女孩的想象中公墓的钥匙就是这个样子;女孩子的妈妈在小的时候也这么想过。神父本人大概也曾经设想过圣彼得的钥匙就是这么个样子。

小女孩没有看到过公墓的钥匙,但她想象中的钥匙是"长满了锈"的。小女孩的妈妈在"小的时候也这么想过",甚至连"神父本人大概也曾经设想过圣彼得的钥匙就是这么个样子"。现在母女俩都眼见为实,使自己潜意识里的想象得到了证实。从妈妈到女孩再到神父,两代人相同的想法和铁的事实都说明了世人对小偷的歧视和冷落——因为钥匙是长满了锈的,说明没有人使用过。所以,只要是小偷,你就会被人无情地抛弃在这个世界的角落里,哪怕是自己至亲至爱的人! 这就是社会对"小偷"道德审判的结果! 如果《礼拜二午睡时刻》表现的仅仅是这个主题,那就显得很平庸和一般了。马尔克斯的聪明之处,在于冲破这一传统的观念,让母亲去面对被人当作小偷而遭致误杀的小偷儿子,让神父去面对这个不同寻常的"最美妈妈"——作品中的人物围绕"小偷"这一角色,展现出了丰富的情感对撞和思想冲突,这是一种情感与道德的双重冲突与纠结,这才是这篇小说的魅力之所在。

就让我们认真细读拉美著名作家加西亚·马尔克斯创作的小说《礼拜二午睡时刻》,真切感受世人对小偷的不同道德评判,从中也让自己接受一次爱的教育和精神洗礼吧。

二

小说描写乘坐火车去拜祭被当作"小偷"打死的亲人的母女俩,从神父及其妹妹那里最终得到了同情与关爱。在文中,"小偷"一词标志着一种世人对其的道德评价和价值取向,而文中母亲对儿子、妹妹对哥哥、神父对教民却承载有一种超越道德和价值取向的爱。这种爱实际上是一种超越了一切情感的无界限的悲悯力量,它与文中其他民众对待小偷的憎恨态度形成了强烈鲜明的对比和反差,这正是小说所要着力体现和渲染的。

1. 母亲对儿子

小说中的母亲,实在是一个平凡得不能再平凡的女人。作者既没有告诉名字,也不交待身世,甚至连年龄、职业也是模糊的。小说只对母亲的外貌、穿着和神态等有些许的描述:

> 母女二人都穿着褴褛的丧服……那位妇女眼皮上青筋暴露,身材矮小羸弱,身上没有一点儿线条,穿的衣服像件法袍。要说她是小姑娘的妈妈,她显得太老了一些。在整个旅途中,她一直是直挺挺地背靠着椅子,两手按着膝盖上的一个漆皮剥落的皮包。她脸上露出那种安贫若素的人惯有的镇定安详的神情。

这是一个多么朴实无华而又清贫勤劳的母亲啊!她应该是一个穷苦人家的母亲,没有文化知识和金钱财富,但却有常人难有的"安贫若素"的品质和"镇定安详"的神情!实际上,母亲内心是一条激流汹涌的河,只是她强行冰封住了自己。内敛是这篇小说在情感处理上的显著特点,它让母亲的形象显得更加深刻和动人。从母亲出现在神父门前起,她一贯的神情举止是"固执""执拗""愣愣地""坚决""温和""默默地",直到说出自己是"小偷"母亲时,母亲依然"不动声色"。这种由伟大的母爱和深重的悲痛构成的浓厚情感被这些强行抑制的言行遮盖了,母亲的坚忍和自尊在这里表现得非常鲜明和突出。"她的回答很简短,口气很坚决","毫不迟疑、详尽准确地作了回答,仿佛是在念一份写好的材料"。她那有点反常的"平静""温和""不动声色"的声音中压抑的是对一个被当作"小偷"打死的儿子的深深的爱,因为是"小偷"的母亲,所以她不能明目张胆地表达自己的感情,我们只能从她那"直直"盯着神父的两眼,那终究需要"忍住"的"悲痛"中,去揣测她内心"各种各样的复杂感情"。这种复杂感情的基点,就是无边无际的母爱。

在母亲的内心,儿子不是小偷,反而是个好儿子。"他是一个非常好的人",母亲并没有用个人的情感天平衡量儿子,偏爱儿子,她的结论是客观公正的。因为事实是,儿子很听话,也很懂事。为了生存,儿子去当拳击手,让人打得三天都起不了床,还因此把牙齿都拔掉了。"我告诉过他不要偷人家的东西吃,他很听我的话。过去他当拳击手,有时候叫人打得三天起不来床","他没有办法,把牙全都拔掉了","那时候,我每吃一口饭,都好像看到礼拜六晚上他们打我儿子的那个样子"。亲人们眼中的"小偷",俨然一个"非常好的人",正是这种坚信支撑着母亲的坚强和尊严,也让母亲变得无惧和无畏。

2. 妹妹对哥哥

从全文来看,妹妹是个次要人物,其着墨的地方不多。妹妹是陪同母亲去拜祭哥哥的。她还只有 12 岁,还是个懵懂的孩子,但对于自己死去的哥哥,却有一份源自内心深处的亲情:

她自始至终都保管着"她们随身带的东西——一个塑料食品袋和一束用报纸裹着的鲜花"。无论在火车上还是在神父家,小女孩都小心翼翼地看护着这束鲜花。为了不让鲜花枯萎,她去简陋的三等车厢的卫生间里用水浸花;在母亲与神父的激烈情感碰撞中,她一直"把那束鲜花放在膝盖上"。小女孩对花的呵护,体现了一种亲情的感人力量。因为这花是去祭奠自己死去的哥哥的,它寄托着全家人深深的哀思和悼念,它可能也是全家人最昂贵的祭品了。所以这中间自然有妹妹对哥哥、父母对儿子的那份真诚和深切的爱和悲,这种兄妹之情、父母之爱是血浓于水的。

在小女孩的心中,哥哥一直是个好人,并且是一个坚强勇敢的人。在母亲与神父的整个冲突过程中,小女孩一直都是局外人,似乎游离于情节发展的中心,因为她还只是个小孩,她不懂事,插不上嘴。但在神父与母亲谈论"小偷"的相关情况时,她却突然插嘴说:"他没有办法,把牙全部拔掉了。"可见哥哥"拔牙"的这件事情在小女孩幼小的心中烙下了深深的印痕,以至于现在自觉又不自觉地插了嘴。是的,哥哥很勇敢,也很坚强。在妹妹看来,能"把牙全部拔掉"是一个不不起的壮举。哥哥为生计所迫,去当拳击手,"有时候叫人打得三天起不来床"。这些都让妹妹深深记得,也在母亲的心中永存美好的印象。因此,哥哥不是小偷,这样勇敢而坚强的人怎么会去做小偷呢?在妹妹的身上,我们感到了亲情力量的无限强大。

3. 神父对教民

作为神职人员,"神父"这一身份代表着宗教的某种权威,他的一举一动也许会被认为寓示着人世的基本道德准则,在没有其他人在场的情况下,他对"小偷"及"小偷"家属的态度也无疑将成为一种参照,透视着没有出场却为数众多的其他人的看法。

神父本来是以普通人对小偷的态度来看待"小偷"的家属的,这可以从他的"您从来没有想过要把他引上正道吗"的话中有意无意地透露出来。但面对眼前的母女俩,他还是逐渐改变了看法。这种改变通过他的神情来体现,充分展示了他激烈的内心波澜:"神父的脸刷的一下子红了","神父头上开始冒汗了","神父吁了一口气"……相对于母亲的神色自如、镇定自若,神父的紧张程度远远超过了"小偷"的家属。他为自己原先对"小偷"及其家属怀有的想法而惭愧,这种惭愧的心态进而影响到他的信仰,因此,听着母亲诉说儿子的听话和吃苦,他嘴上说着"哎!上帝的意志是难以捉摸的",心里却"觉得这句话没有多大的说服力",他的人生经验已经让他逐渐怀疑上帝对于人世的控制力了。于是他只能真心诚意地想为眼前的母女俩做点儿什么。看到窗外聚集的人群,乱哄哄的反常样子,连神父都感受到了压力,于是和妹妹力劝母女俩避开这一场面。文中三处出现他劝阻母女俩立刻去墓地的句子:

1. 神父瞅了女孩一眼,又看了看那个女人,然后又透过纱窗望了望万里无云的明朗的天空。"天太热了,"他说,"你们可以等到太阳落山嘛!"

2. 神父一看大街上乱哄哄的反常样子,心里顿时就明白了。他悄悄地把大门关上。"等一会儿走吧。"他说。

3. "等到太阳落山再去吧!"神父说。

第一处,神父纯粹是从天气的状况出发给予母女俩一句很常规很客套的问候。第二处,说话者为了避免母女俩受到村民的伤害,因此力阻她们在人群的围观下走向一个"小偷"的墓地。神父说话的时候"没有看那个女人",但心里的情感指向却十分明确——充满了一种不露声色的关心和设身处地般的体贴。第三处,母亲已经看到了窗外围观的人群,但她的态度和行为更为坚决,因此神父的劝阻多少有点儿苍白无力,连神父的妹妹也意识到他劝阻的无效,只好补充说:"会把你们晒坏的,""等一等,我借给你们一把阳伞。"人物试图出手相助却又无能为力的心理溢于言表,内心所有的波澜都只能凝聚在一再重复却又极具情感张力的这几句话中,从中我们可以真切地感受到神父对"小偷"的情感转变过程。无论作品中的卡洛斯·森特诺是否是一个"小偷",无论那母女俩是否是"小偷"的家属,他们——死者和生者——都有资格享受来自亲人和他人的关爱。母女俩对卡洛斯·森特诺、神父兄妹对母女俩的那份不欲明言的情感,会跨越道德界限,超越种族、地域和时代的阻隔,作用于每一个读者的神经,使我们感受到那份平凡的爱的伟大。

三

政治经济学常识告诉我们,越是物质匮乏的年代,越容易有小偷,而人们对小偷也越憎恨。因为小偷掠夺了他们有限的可怜的财物,可能使自己陷入生存的危机。于是,枪杀小偷就变得理直气壮、大快人心;偷东西偿命更是罪有应得、死有余辜。

细读《礼拜二午睡时刻》,我们发现小说展示的时代背景是十分模糊的,没有确切的年代,也不清楚具体是哪个地方。小说开头像电影镜头一样,场景从行驶中的火车开始。马尔克斯用手中的笔,为读者描绘了一幅拉美地区常见的生活图景:炎热的天气、窒闷的午睡时刻、与铁路平行的狭窄的小道、光秃秃的空地、沾满尘土的棕榈树和玫瑰丛、难以抵挡的令人窒息的煤烟气、空无一人的破败的车站、贫瘠龟裂的土地……时代模糊但主题清晰:一切是那么的贫穷和荒凉。

小说有限的背景描写提示我们当地的人们生活多么苦难。从这个角度去看,为生活所逼无奈走上小偷之路与民众对小偷恨之入骨的仇恨心理,都应得到理解和同情。这其实是一种更为博大的超越一切的悲悯,或许这是这篇小说所要表达的深层主题。

小说多次提到当地人对小偷的痛恨和歧视,包括小偷的家属。母女俩人选择中午最炎热的时候进村,一方面固然是因为要赶上坐火车回家的时间;另一方面更重要的原因是为了避开当地的村民,以免带来危险和麻烦。母亲虽然用自己的勇气和尊严感化了神父兄妹,但能不能获得当地村民的原谅和怜悯,这不得而知。我们从"大街上乱哄哄的反常样子",从"杏树下聚集了一群群的大人",从神父兄妹都感受到了潜在的危险等可知,母女两人身处危险之中。因此,从这个角度而言,母亲的力量是渺小的,她无力改变整个社会对小偷的偏见,更不能取得道德审判的胜利。但恰恰也正因为如此,母亲的形象才显得如此悲壮和感人,小说才能如此震撼人心。我们可以给母亲下个这样的结论:她虽是个人英雄,但更是时代悲剧。

由此看来,面对"小偷",让不同身份、角色的人物展开激烈的情感冲突,在"爱"与"恨"的交织中呈现一个社会性的难题:我们究竟该如何面对小偷? 这值得每个读者去思考、去研究、去评判。而我只能无奈地套用一句歌词:拿什么拯救你,我的爱人?

(本文发表于 2012 年第 9 期《语文教学通讯》,山西太原,刊号:CN14—1017)

红花还需绿叶衬

——《礼拜二午睡时刻》中"小女孩"的地位、作用刍议

《礼拜二午睡时刻》是拉美著名作家加西亚·马尔克斯创作的一篇小说。此文最为人所称道的是作者对情感的处理艺术——节制胜于放纵。作为"小偷"的母亲，人物的情感因种种原因而被压抑得异乎寻常的平静和镇定，这种"内敛"的情感让读者印象深刻。难怪国内著名作家余华也有如此评论："《礼拜二午睡时刻》显示一个优秀作家的内敛功夫。"

确实，母亲是作者所要着力刻画和塑造的人物，母爱是小说永恒不变的主题。母亲用自己无边无私的爱，影响并感化了神父对"小偷"的世俗看法，显示出一种巨大而感人的悲悯力量，令人动容。但文中还有一位人物——母亲的女儿——"小女孩"，则历来为读者所忽视。笔者认为，小女孩这一形象虽然在文中着墨不多，但其在整篇作品的作用和地位却不容忽视。本文试就此作一分析，以求教于各位专家同仁。

一、见证对小偷的固有观念

母亲带着小女孩去祭祀自己死去的儿子，这本是件令人悲伤和同情的事情。但问题是，儿子是个"小偷"，他是在半夜偷人家的东西时被寡妇雷微卡太太一枪打死的。在当地人的心目中，对小偷从来都是深恶而痛绝的。打死小偷是理所应当的，不值得半点怜悯和惋惜，甚至对小偷的亲人和家属，都抱有一种歧视和敌对心理。即使母亲和小女孩，原来的思想里也是这样一种"小偷观"。

　　神父又走到柜子跟前。在柜门里钉子上挂着两把大钥匙,上面长满了锈。在小女孩的想象中公墓的钥匙就是这个样子;女孩子的妈妈在小的时候也这么想过。神父本人大概也曾经设想过圣彼得的钥匙就是这么个样子。

　　小女孩从没有看到过公墓的钥匙,但她想象中的钥匙是"长满了锈"的。小女孩的妈妈"在小的时候也这么想过"。仔细琢磨这句话,很耐人寻味。妈妈小的时候是这样想的,现在到了小女孩这一代,也仍然是这样想的。从妈妈到女孩,两代人相同的想法和铁的事实都说明了世人对小偷的歧视和冷落——因为钥匙是长满了锈的,说明没有人使用过。那些死去的小偷,连自己的亲人对他也是恩断义绝,退避三舍。所以,只要你是小偷,你就会被人无情地抛弃在这个世界的角落里,哪怕是自己至亲至爱的人! 这种从潜意识里自然流露出来的"小偷观",还在代代相传,潜移默化,这正是造成这个社会缺失对小偷应有的悲悯和同情的根源。

　　再来看神父。作为神职人员,"神父"这一身份代表着宗教的某种权威,他的一举一动也许会被认为寓示着人世的基本道德准则,在没有其他人在场的情况下,他对"小偷"及"小偷"家属的态度也无疑将成为一种参照,透视着没有出场却为数众多的其他人的看法。"神父本人大概也曾经设想过圣彼得的钥匙就是这么个样子"。这句话的意思是:小偷死后,灵魂进入天国,但在天国里,小偷也是低人一等,为人所不齿和痛恨的。因为没有人愿意搭理他们,他们的钥匙也是"长满了锈"的。从小说的后文看,神父也是以普通人对小偷的态度来看待"小偷"及其家属的,这可以从他的"您从来没有想过要把他引上正道吗"这句话中有意无意地透露出来。

　　可见,从人间到天国,从女孩到母亲,对小偷都是歧视和痛恨的。小说通过这简短的几句话,告诉了读者一个可怕的事实。这就是社会对"小偷"道德审判的结果!

二、见证哥哥是个好人

　　儿子到底是不是小偷？这个问题其实已经不是那么重要。重要的是，母亲怎样面对这个死去的"小偷"儿子。或者更进一步说，在母亲的心中，儿子是个好儿子，根本不会是小偷。那么，她该如何维护儿子的尊严？母亲用自己的言语和行动，作了最好的回答。

　　从母亲出现在神父的门前起，她一贯的神情举止是"固执""执拗""愣愣地""坚决""温和""默默地"，直到说出自己是"小偷"的母亲时，依然"不动声色"——能坦然说出自己是"小偷"的母亲是需要一定的勇气来支撑的。这种勇气来自伟大的母爱。作为母亲，她深知自己的儿子是无辜的，他不会是小偷。因此面对神父"您从来没有想过要把他引上正道吗？"的提问，母亲首先肯定"他是一个非常好的人"，接着和女儿一起用一些具体事例来证明自己的评价："我告诉过他不要偷人家的东西吃，他很听我的话。过去他当拳击手，有时候叫人打得三天起不来床"，"他没有办法，把牙全都拔掉了"，"那时候，我每吃一口饭，都好像看到礼拜六晚上他们打我儿子的那个样子"。亲人们眼中的"小偷"，俨然是一个"非常好的人"，这些此前并不为神父所了解的东西，现在都一一为神父所知道，并迫使他相信。实际上，我们可以通过母亲对女儿的那种严厉的教育和深层的爱，类推出母亲对儿子也是一样的教育和爱，从而相信母亲"他是一个非常好的人"的判断。

　　小说用大量的笔墨，在开头部分写母亲对小女孩的教育和叮嘱，这种教育和叮嘱显得那样的严厉和严肃。母亲几乎是用一种命令的口气对小女孩说的，甚至有些不近人情。

　　"你要是还有什么事，现在赶快做好！"女人说，"往后就是渴死了，你也别喝水。尤其不许哭。"

　　母亲为什么要小女孩把所有事情都做好？即使渴死了也不能喝

水,尤其不许哭。这种严厉的背后,体现出的却是强烈的自尊和悲愤。因为母亲要去祭祀的是"小偷"儿子,在母亲心中,绝不能因所谓的"小偷"而让自己失去尊严,颠倒是非,抹黑儿子。小女孩很懂事,她"点点头",用"湿漉漉的报纸把鲜花包好",并且"目不转睛地瞅着母亲",母亲"也用慈祥的目光看了她一眼"。在这里,母女俩的会神一"看",是一种只有她们自己知道的相知相通,让人感觉到亲情的温暖和伟大。母亲的严厉与慈爱,女儿的懂事与晓理,我们正可以从中感知母亲与儿子之间的这种同样的关系。结合后文母亲和小女孩的话,我们有理由相信,卡洛斯·森特诺是一个非常好的人,这样好的人何至于是个小偷呢?

另外,在小女孩的心中,哥哥也一直是个好人,并且是一个坚强勇敢的人。在母亲与神父的整个冲突过程中,小女孩一直都是局外人,似乎游离于情节发展的中心,因为她还只是个小孩,她不懂事,插不上嘴。但在神父与母亲谈论"小偷"的相关情况时,她却突然插嘴说:"他没有办法,把牙全部拔掉了。"可见哥哥"拔牙"的这件事情在小女孩幼小的心中烙下了深深的印痕,以至于现在自觉又不自觉地插了嘴。是的,哥哥很勇敢,也很坚强。在妹妹看来,能"把牙全部拔掉"是一个不不起的壮举。哥哥为生计所迫,去当拳击手,"有时候叫人打得三天起不来床"。这些都让妹妹深深记得,也在母亲的心中永存美好的印象。因此,哥哥不是小偷,这样勇敢而坚强的人怎么会去做小偷呢?在妹妹的身上,我们感到了亲情力量的无限强大。

三、见证母亲与神父间的情感冲撞

母亲与神父之间的情感冲突,是这篇小说所着力刻画的精彩之处。母亲用自己无私的母爱,用巨大的亲情力量最终影响和感化了神父,使神父原来抱有的对小偷的看法有了改变,并进而怀疑自己的信仰,这一情节发生在神父家里。且看下面一段话:

神父打量了她一眼。那个女人忍住悲痛,两眼直直地盯着神父。神父的脸刷的一下子红了。他低下头,准备填一张表。一边填表一边询问那个女人的姓名、住址等情况,她毫不迟疑地、详尽准确地作了回答,仿佛是在念一份写好的材料。神父头上开始冒汗了。女孩子解开左脚上的鞋扣,把鞋褪下一半,用脚后跟踩在鞋后帮上。然后把右脚的鞋扣解开,也用脚趿拉着鞋。

这段话的焦点人物是母亲与神父,小女孩只是一个配角,似乎无关紧要。此时此刻,面对神父,儿子的猝死带来的无限悲痛和"小偷家属"这一身份给予母亲的道德、社会压力彼此冲突,汇聚成一股向着相反方向膨胀的情感激流,似乎要在母亲身上喷发而出。在这种情况下,母亲对神父有任何失态的举动和言辞都不为过,都值得人理解和同情。但在小说中,这一情感冲突仅仅凝聚成一些较具张力的词汇,如"忍住""直直地盯着""毫不迟疑地、详尽准确地"等,母亲的坚忍、自尊、内敛,令人动容,也反而使神父感到紧张、不安和某种莫名的触动。"神父的脸刷的一下子红了""神父头上开始冒汗了",从"脸红"到"冒汗",这种细节与神态描写非常形象而真切地刻画出了神父内心世界的变化过程。在这样的描写中,原本激烈的冲突却显得既平淡又意味深长。

再看看小女孩,在母亲与神父激烈的情感冲撞中,她是个局外之人,因为她年幼无知,少不更事。她不懂母亲和神父的所言所做,更不清楚这个时候两人内心剧烈的情感变化,她只是觉得时间有些长了,她有些无所事事,百无聊赖。于是便自然而然地显示出一个儿童的天性:摆弄鞋扣。在这样一个紧张的时刻,小女孩竟然做这样无聊而失礼的事情,如果从成人的角度去看,这是很不应该也很不礼貌的事,但恰恰因为是个孩子,发生这样的事情却使小说更富意蕴,也使人物形象更显真实和丰满。

这里,作家很显然地用了反衬手法。一是用小女孩的天真单纯,反衬大人之间紧张激烈的情感冲突;二是用看似无聊地把鞋脱去的细节反衬神父内心的紧张与不安;三是用小女孩和神父来反衬母亲内心难以忍受的痛苦。如果没有这个细节,母亲与神父之间的冲突以及两人内心的这种情感变化则会苍白得多。

　　综上所述,小女孩虽是文中的一个配角,一个次要人物,但其在全文中的作用和地位却不容忽视。试想,如果小说删去小女孩这一人物,只写母亲与神父,那么情节就会单调得多,人物形象也会单薄得多。而更为重要的是,母亲能最终感化神父,让神父转变对"小偷儿子"的看法——他是一个非常好的人,一方面固然是母爱的伟大所致,另一方面,小女孩在其中起到的重要的证人作用也是不能否定的。如果说母爱有的时候还会让人觉得有点自私的话,那么以一个年幼的天真的孩子的情感道德去衡量一个人时,则会让人信服得多,公正得多。从这个角度去说,也许就是马尔克斯的过人之处。

　　(本文发表于 2016 年第 9 期《教学月刊》,浙江杭州,刊号:CN33—1279)

对玛蒂尔德性格的再认识

对于《项链》中玛蒂尔德这个人物，历来的评论是认为她爱慕虚荣，追求享乐，是典型的小资产阶级妇女的代表。然而，细读文本，我们不难发现，玛蒂尔德的性格并非如此。相反，我们在分析这一人物形象时，不得不被她对人格的追求所打动。在她身上，体现出了一些闪光点，这些闪光点在今天这样的时代、这样的生活中也是为人称道的。

作品中写道："住宅的寒伧，墙壁的黯淡，家具的破旧，衣料的粗陋，都使她苦恼。"于是，她梦想"幽静的厅堂""宽敞的客厅""华美的香气扑鼻的小客室"和各种奢华的装饰、"精美的晚餐"。这是一种处于相似境遇的人都会具有的正常而合理的心态。对于处在物质利益相对贫乏的境遇的人来说——不管是资本主义社会还是社会主义社会，这都是一种基本的普遍的、正常的需求。我们怎能因此而抹杀了她其他的优点？以偏概全，一叶障目。只是在以前那个时代里，受国内特殊的政治风气左右，我们的教材对玛蒂尔德这一人物作上述那样的界定，也是可以理解的。

再看作者莫泊桑，他是19世纪法国著名的批判现实主义短篇小说作家。他对资本主义社会中存在的问题，特别是道德风尚的丑恶，给以无情的揭露和嘲讽。但他却十分同情下层劳动人民的遭遇，用手中的笔讴歌那些处在社会最底层的小人物，讴歌他们不为命运所屈，积极抗争，诚实守信，勤劳质朴等美德。"只有在下层人民中，他才发现一些令人宽慰的健康品质。他的作品同情和表彰下层社会的小人物"。（见《中国大百科全书·外国文学》）而《项链》这篇小说，正是他这种创作态度的直接体现。小说塑造的玛蒂尔德，并不是个一味追求享乐,贪图虚荣的女子,相反,她是个在突然遭受了人生重大打击之后,能勇于承担责任,诚实守信,用10年艰辛劳动换回自己人格尊严的好女子。由此我们可以看出,作者对玛蒂尔德这个人物是抱有同情心的,甚至更有一种歌颂和赞美之意。小说的主题是要揭示人生的变幻无常,以及由此带给人的一种变化:它可以改变一个人的性格、人生和命运,或让他进步;或使他堕落。而玛蒂尔德,正是属于前者。她的这种进步,在现代社会更应得到提倡和发扬。

因此,对于玛蒂尔德这个人物,我们理应赞美多一点,批评少一点;同情多一点,嘲讽少一点。她是一块金子,理应让它闪光,尽管她是个资本主义社会中的小资产阶级妇女。而不应人为地给它蒙上很多的尘土、灰烬。

深入文本,我们不难发现玛蒂尔德身上有如下闪光之处:

1. 强烈的自尊意识

玛蒂尔德对物欲的追求,实际上源于她内心强烈的自尊意识,以及对自我的肯定与张扬。"她也是一个美丽动人的姑娘",只是"好像由于命运的差错,生在一个小职员的家里"。现实生活的不如意没有击垮玛蒂尔德对美好生活的追求,相反"她一向就向往着得人欢心,被人艳羡,具有诱惑力而被人追求"。这种追求实质上是希望自己的人格得到别人的尊重。正因此,玛蒂尔德不想再去看她那位有钱的朋友;还项链时老是担心"如果她发觉是件代替品,她会怎么想呢?会怎么说呢?她不会把她的朋友当作一个贼吗?"这些都是她自尊意识的强烈体现。她最终通过自己和丈夫的10年艰辛劳动,用血汗钱还了债,用自己的行动捍卫了自己的尊严。由此,我们看到了玛蒂尔德那强烈的自尊心。

2. 高尚的诚信品质

我们不能忘记玛蒂尔德的性格中还有其他本质的东西,那就是善良、诚实、质朴的本色。这种品行是在她想得到置办服装的一笔钱和丢失项链后流露出来的。当玛蒂尔德对丈夫提到要用400法郎做衣服时，她小心翼翼，吞吞吐吐，唯恐吓着他或给他太大的压力。这也反衬出她的善解人意和通情达理。平日里她除了发点牢骚、有点怨气，也并没有什么非分的举动，更没有自愿堕落到利用自己的美色去做肮脏勾当的地步。当借来的项链丢失后，玛蒂尔德心急如焚，如大祸临头，"吓昏了"。但当她最终确认找不到了，她想的是如何按时归还，要守信用，不被朋友当窃贼。"面对这个可怕的灾难，她一直处在又惊又怕的状态中。"却从没有过不良的念头，如撒赖不还，以假充好，逃之夭夭，等等。不能否认，玛蒂尔德能勇敢地承担起一切，以10年青春为代价偿还项链，这是她诚信美德的最真实最具体的体现。

3. 坚忍的吃苦精神

难以想象，当玛蒂尔德毅然决定用自己的双手赚钱还项链时，这需要多大的勇气。要知道，她以前虽然生活过得不如意，日子过得不富裕，却也有小女仆"替她做琐碎家事"，她用不着自己动手干一些粗笨的家务活。这样一个"养尊处优"的女人，在决定赚钱还债后，居然"懂得穷人的艰难生活了"，"一下子显出了英雄气概"。于是她"辞退了女仆，迁移了住所"，租赁了便宜的小阁楼。她也"懂得家里的一切粗笨活儿和厨房里的讨厌的杂事了"，开始整天地洗衣扫地，做一切能做的活，"在那油腻的盆沿上和锅底上磨粗了她那粉嫩的手指"。她忍受了10年不同寻常的艰辛，拼命节省，拼命赚钱，吃尽了苦头。当"事情到底了结了"，她却"倒很高兴了"。从中，我们感动于玛蒂尔德这种坚强的意志，持久的毅力，吃苦的精神。我想，即使在现今社会，这种"玛蒂尔德式"的人物也是不多见的，她的身上的这种精神，也是值得提倡和赞美的。

除了上述三点，我们还要肯定一点的是：这次遭遇也促进了玛蒂尔德对生活，尤其是对爱的真谛的理解。失项链之前，她总是认为命运不公，抱怨自己缺少爱，对丈夫常常挑剔。倒是这10年的不寻常生活,使她明白了生活的道理,爱的真谛——幸福生活来源于夫妻间的同甘共苦,风雨同舟。丈夫的毫无怨言,责无旁贷,体贴关爱,令玛蒂尔德有了活下去的勇气和信心,这或许是支撑玛蒂尔德整个精神世界的最大支点。

　　总之,10 年的艰辛生活塑造了一个全新的玛蒂尔德。她抛弃了原有的一些不切实际的梦想,远离了虚幻的天堂,而成为踏实做人、勤俭节约的典范。她用自己的行动实现了自己的承诺,求得了心灵上的安慰,维护了人格上的自尊,培养了吃苦耐劳的品质,锻炼了坚忍不拔的意志,磨砺了她全新的人生态度。由此,我们看到了一个脱胎换骨后本真本色的玛蒂尔德——外在形象美和内在精神美相统一的女性。

　　(本文发表于 2005 年第 28 期《中学生导报》,甘肃兰州,刊号:CN62—0021)

《孔雀东南飞》质疑两题

质疑之一：焦仲卿真的深爱刘兰芝吗？

一直以来，对于焦刘两人的爱情，人们都用"忠贞"一词加以定论。人教版《教师教学用书》也有这么几句话："本诗以时间为顺序，以刘兰芝、焦仲卿的爱情和封建家长制的迫害为矛盾冲突的线索，也可以说按刘兰芝和焦仲卿的别离、抗婚、殉情的悲剧发展线索来叙述，揭露了封建礼教破坏青年男女幸福生活的罪恶，歌颂了刘兰芝、焦仲卿的忠贞爱情和反抗精神。"那么，焦仲卿对刘兰芝的爱情真的是如此"忠贞"么？他真的到了心甘情愿地为爱去死么？笔者以为，这是个值得探讨的问题。

我们不否认，焦仲卿和刘兰芝有一定的感情基础，他们两人在一定程度上也互相爱着对方。在结婚的这几年中，他们和和睦睦，相敬如宾。问题是，在封建社会中，这种"父母之命，媒妁之言"的旧式婚姻制度，是很难造就具有真正深挚感情的爱情的。即使有，也需要有很长时间的感情培养期和双方的情投意合。而焦刘两人显然不具备这一点。

君既为府吏，守节情不移，贱妾留空房，相见常日稀。鸡鸣入机织，夜夜不得息。三日断五匹，大人故嫌迟。非为织作迟，君家妇难为！妾不堪驱使，徒留无所施，便可白公姥，及时相遣归。

看来，从嫁到焦家始，刘兰芝并没有得到丈夫多少的爱。焦仲卿为自己个人的前途考虑，抛弃兰芝专志功名，虽是"守节情不移"，但这仅仅说明他是个不花心的好男人，而并不能表明他对兰芝付出了多少的爱。因此，兰芝过的是一种"贱妾留空房，相见常日稀"的寡妇式生活。再加上焦母的百般挑剔,从中作梗,让刘兰芝做苦力,"鸡鸣入机织,夜夜不得息。"而丈夫却是孝字当头,对兰芝的内心感受和处境不闻不问,缺少关心和帮助。可见,在孝与爱的问题上,仲卿是做到了"舍爱取孝",他把对兰芝仅有的爱和拥有的理转换成对母亲的"何意致不厚"的轻轻责问,而在其母的淫威下,他竟"哽咽不能语"。因此,兰芝在焦家过的不是那种新婚蜜月所应有的幸福生活——她既享受不到婆婆对自己的关爱,更得不到丈夫对自己应有的爱。所有的一切,让刘兰芝感到倍受冷落,心灰意冷。以致使刘兰芝伤心欲绝,悲观绝望,终于发出了"君家妇难为""妾不堪驱使"的悲叹!对此时的兰芝而言,她最好的办法就是自己主动离开焦家这个痛苦的深渊。

而对于兰芝的自遣,作为丈夫,他的表现是那么地令人失望。他既没有自责其过,也没有极力挽救,他仅仅去求了一回母亲,就此而已。而让人惊奇的是,他居然还充当了母亲的传气筒——"我自不驱卿,逼迫有阿母。卿但暂还家,吾今且报府"。这"遣归"之事,竟是由他来说,如果真的深爱兰芝,按人之常情,焦仲卿能说得出口么?更可气的是,面对这样的人生大事,他居然还要"吾今且报府",完全没有把这等个人大事放在心上,这充分说明了他对兰芝的爱是贫乏的,虚假的。在他心中,刘兰芝是没有多少分量的。

让我们再来看看焦仲卿在得知兰芝允婚再嫁后相见时说的一番话:

贺卿得高迁!磐石方且厚,可以卒千年;蒲苇一时纫,便作旦夕间。卿当日胜贵,吾独向黄泉!

这里,焦仲卿完全是在嘲讽挖苦刘兰芝,他没有向兰芝打听事情的具体原由,却先是虚情假意酸溜溜地祝贺兰芝"得高迁",再是一味地讥讽:"蒲苇一时纫,便作旦夕间。"最后是无奈之下的威逼:"卿当日胜贵,吾独向黄泉!"所以,我们看不出焦仲卿的死,是他内心的真情流露,是他心甘情愿地为爱而死,为舍不得兰芝而死。如果是,那他在兰芝被遣时就早该如此。

因此,我们可以说,焦仲卿是不太爱刘兰芝的,他对兰芝的爱没有多少的真情可言。他只是一个庸俗、自私、软弱、无能的封建小吏。

质疑之二:刘兄真的是那么可恶吗?

在《孔雀东南飞》中,刘兄只是一个次要人物,诗中着墨之处甚少,仅仅只有刘兰芝的简短介绍和其自己的几句言辞。我们对刘兄这个人物的形象分析和性格判断,关键的依据就是他对兰芝说的那几句话:

作计何不量!先嫁得府吏,后嫁得郎君,否泰如天地,足以荣汝身。不嫁义郎体,其往欲何云?

这几话,讲的就一个意思,刘兄要自己的妹妹允婚再嫁,而嫁的对象是太守这种有权有势,有身份有地位的官宦人家。人们凭此而将刘兄定型成"性行暴戾,趋炎附势,见利忘义,尖酸刻薄,冷酷无情……"(《教师教学用书》上云)的"市侩小人"形象。清代沈德潜对其也有如此评价:"小人但慕富贵,不顾礼义,实有此口吻。"那么,刘兄真是这样"趋炎附势,见利忘义,尖酸刻薄"? 真的全无是处?

平心而论,刘兄的确算不上好人,教参的说法也不无道理。但笔者认为,这种论断太绝对太偏颇太严重了些。应该说,刘兄说的这些话,在当时特定的环境中,还是有一定道理和现实意义的,我们不能用今天的标准去绝对化地评判那个时代的人。

兰芝被休回家,在封建社会中,是很被人看不起的事,虽然汉代时这种观念还不是很盛行,但这毕竟不是光彩的事。如果说,焦仲卿能带给兰芝以幸福,兰芝能再回焦家重享美满之生活,刘兄这种逼婚当然是十万个不对。问题是,焦仲卿不能给兰芝幸福,焦母也不会与兰芝和好,这一点已是定论,焦在与兰芝分手时的"誓不相隔卿,誓天不相负"的誓言,也仅仅只是一种口头的安慰与不可实现的虚假承诺。在这种情况下,与其让兰芝守着这虚无的爱情,去重续这根本没有幸福可言的痛苦生活,还不如答应人家县令、太守之类人家的求婚,这倒不失为一条新生的路,或许能达到"柳暗花明又一村"的效果。再退一步说,兰芝这种被休女子能得到如此厚遇,在那个社会中,不能不说是一次新生的机遇和一种人生的幸运。于情于理,刘兄的做法都有一定的现实积极意义。

再者,从刘家的情况看,其应该是富甲一方的大户地主人家。刘兰芝"十三能织素,十四学裁衣,十五弹箜篌,十六诵诗书",自小受到各方面良好的教育,这是有钱人家的活法。她嫁到焦家时带去了很丰厚的嫁妆,这更说明了其家殷实的家底。还有,刘兰芝严妆时华贵的穿着打扮,其在娘家"移我琉璃榻"的不一般的闺房,都充分说明刘家的富有。受汉魏时期"门当户对"的婚姻观念的影响,当初焦刘两家的结亲也是遵循了这一法则的——焦仲卿是庐江府小吏,焦家也算一个官宦之家。那么,这次刘家与太守家结亲,也是这种"讲究门第"的正常而自然的普遍做法,后人有什么理由要给刘兄贴个"趋炎附势、见利忘义"的标签呢?

由此看来,刘兄的做法应有其现实的合理的一面。文学鉴赏应遵循"典型环境中的典型人物"这一原则,抛开了那个时代的特定环境去鉴赏人物形象,有时可能会出现偏颇。

(本文第二部分发表于 2005 年第 7 期《语文教学之友》,河北廊坊,刊号:CN13—1044)

一个遭弃女子的悲情告白

——《诗经·卫风·氓》赏读

　　《氓》是一首充满悲愤控诉的弃妇自白的叙事诗。诗的层次，全按事态发展的经过安排：始而定约，继而成婚，继而任劳，继而遭辱，继而见弃，继而归家，乃至兄弟取笑，终乃自悼。主人公愤怒地指责丈夫"士贰其行"，"士也罔极，二三其德"。又告诫其他女子不要轻信男子："吁嗟女兮，无与士耽！士之耽兮，犹可说也；女之耽兮，不可说也！"同时，我们也能感觉到女主人公强烈而复杂的性格变化：从一开始"既见复关，载笑载言"一直到后面"反是不思，亦已焉哉"，感情由温柔可爱到痛苦伤心到失望诀别——这是令人深思的婚姻悲剧。在远古时代，就有这种薄情负义的事，深刻地说明了妇女地位从古到今都是属于从属的位置。女主人公在现实面前，终于清醒地认识到氓的用情不专，因此她并没有一味沉溺于痛苦的深渊里，而是振作起来，凭自己的勇气生活下来。体现了她刚强坚韧的性格。由此来看，《氓》又展现了女性精神中可喜的一面。

　　《氓》这首诗，弃妇思想感情的发展与整个事件的过程十分巧妙地结合起来，抒情与叙事，融为一体。从叙述角度说，经历了初恋、许婚、迎娶、结婚、受虐、被弃三个阶段；从抒情角度说，先是喜悦、眷恋，其次是悔恨、哀怨，最后是愤怒、决绝。在"事"与"情"的绵密的交织中，极其细致、层层深入地展现了弃妇的内心世界。而纵贯整个事件和情绪发展脉络的是三次提到"淇水"。第一次提到淇水是在首章，"氓"来求婚，女主人公送别，两人谈着絮絮情话，不知不觉来到了淇水边。接着是主人公对"氓"的炽热的怀恋与焦虑的等待。当她终于望见来迎娶的车辆，登时喜上眉梢，心花怒放。这种情绪瞬息的变化,活画出了一个热恋中的感情奔放的少女形象。第二次提到淇水,是女主人公被弃,重渡淇水,返回娘家。昔日情义拳拳,"送子涉淇";今日愁容惨惨,面对汤汤河水,捺不住心潮澎湃。她先是悔恨交加,继而愤愤不平,感情如长江决堤,冲击回荡。因而诗的三四章,具有强烈的抒情色彩。在这两个诗章里,弃妇感情鼎沸、升华,于是由己及物,比兴迭出,反过来说,则是以物喻人,桑叶由鲜嫩润泽而枯黄陨落,状出当时的社会里,一个艳若桃花的年轻女子,一旦容颜衰败,会有一个怎么样的结局。值得注意的是,弃妇从自身的不幸,领悟到了当时一般妇女的不幸,从而使她的悲惨遭遇,具有一种普遍的意义。诗中第三次提到淇水,是弃妇回到了娘家,以"淇则有岸"来衬托不能再容忍再受侮辱与欺凌的愤怒感情。她决意跟负心汉一刀两断之前,回顾了做媳妇的含辛茹苦,甚至追溯到两小无猜时的欢乐聚会与海誓山盟。然而,这个回忆,如此艰涩,如此令人心碎,终于使她下了最后的决心。这就是诗的最末两章写的。这个断绝,蕴涵着多少痛苦呢!然而,当弃妇凄楚地喊出"亦已焉哉"的时候,就把她的个性全部呈现在人们面前:作为少女,她热情奔放;作为媳妇,她勤劳善良;她既敢于大胆地去爱,对爱情忠贞不渝;当对方恩断情绝,她又敢于面对不幸,坚强地、毫不犹豫地撒手拉倒。这是古代的一个普通的妇女,在她身上,又具有一种不平凡的品格。她的遭遇和所承担的一切不幸,虽说是那个轻浮自私、虚情假义,根子却是那个以家世、财产为转移的婚姻制度。她敢于大胆地与他一刀两断,也是对这个制度的一种挑战。

总之,女主人公是一个善良、勤劳、刚强而有主见的劳动妇女的形象,在她身上体现了我国古代劳动妇女的美德和不幸命运。因此,她的形象具有一定的典型意义。

(本文发表于 2004 年第 5 期《起跑线》,江西南昌,刊号:CN36—1227)

做个有尊严的母亲

——《礼拜二午睡时刻》中"母亲"形象解读

《礼拜二午睡时刻》是一篇很耐读的小说,作家马尔克斯给读者塑造了一位内敛而不失尊严的母亲形象。她对儿子的无私的爱,她与神父之间的情感冲突,无不令人动容。

一切源于她是"小偷"的母亲。

我们知道,在任何年代的道德审判席上,"小偷"这一身份都不具有道德优势,而是一个被审判的角色,遭人歧视和唾弃。能坦然说出自己是"小偷"的母亲,能从容地面对一切,是需要巨大的勇气和精神来支撑的,母爱的伟大即在于此。小说中的母亲,就是这样一个伟大的母亲。

母亲的伟大基于她的尊严。

小说一开始就描绘母亲的形象:"眼皮上青筋暴露,身材矮小羸弱,身上没有一点儿线条","显得太老了一些"。显然,这是一位来自底层的劳动妇女,有着普通群众所有的性格特点:勤劳善良,吃苦耐劳。但她却是坚强的,"一直是直挺挺地背靠着椅子","脸上露出那种安贫若素的人惯有的镇定安详的神情"。内心的坚定与外表的老弱似乎形成明显的反差和对比。母亲的坚强体现在对女儿近乎粗暴的态度上:"把鞋穿上!""梳梳头!""往后就是渴死了,你也别喝水。尤其不许哭。"这些言语,体现出母亲坚强背后的强烈自尊。因为她知道,自己是"小偷"的母亲。在别人心目中,小偷是可耻的,小偷的家人也是可耻的。但在母亲的内心,儿子却不是小偷,反而是个好儿子。"他是一个非常好的人",母亲并没有用个人的情感天平衡量儿子,偏爱儿子,她的结论是客观公正的。因为事实是,儿子很听话,也很懂事。为了生存,儿子去当拳击手,让人打得三天都起不了床,还因此把牙齿都拔掉了。"我告诉过他不要偷人家的东西吃,他很听我的话。过去他当拳击手,有时候叫人打得三天起不来床","他没有办法,把牙全都拔掉了","那时候,我每吃一口饭,都好像看到礼拜六晚上他们打我儿子的那个样子"。亲人们眼中的"小偷",俨然一个"非常好的人",正是这种坚信支撑着母亲的坚强和尊严,也让母亲变得无惧和无畏。

　　下了车的母女俩既"谨慎"又"不谨慎"。一方面,她们"沿着杏树阴悄悄地走进小镇,尽量不去惊扰别人的午睡"。另一方面,在坚持叫醒正在午睡的神父这件事上,她们却又毫无"谨慎"之意。这种"不谨慎"就是母亲无惧无畏的表现。

　　小说接下来的情节发生在神父家里,是全文的精彩高潮之处。从母亲出现在神父门前起,她一贯的神情举止是"固执""执拗""愣愣地""坚决""温和""默默地",直到说出自己是"小偷"母亲时依然"不动声色"。这种由伟大的母爱和深重的悲痛构成的浓厚情感被这些强行抑制的言行遮盖了,母亲的坚忍和自尊在这里表现得非常鲜明和突出。"她的回答很简短,口气很坚决","毫不迟疑、详尽准确地作了回答,仿佛是在念一份写好的材料"。她那有点反常的"平静""温和""不动声色"的声音中压抑的是对一个被当作"小偷"打死的儿子的深深的爱,因为是"小偷"的母亲,所以她不能明目张胆地表达自己的感情,我们只能从她那"直直"盯着神父的两眼、那终究需要"忍住"的"悲痛"中,去揣测她内心"各种各样的复杂感情"。

　　作为神职人员,"神父"这一身份代表着宗教的某种权威,他的一举一动也许会被认为寓示着人世的基本道德准则,在没有其他人在场的情况下,他对"小偷"及"小偷"家属的态度也无疑将成为一种参照,透视着没有出场却为数众多的其他人的看法。

　　神父本来是以普通人对小偷的态度来看待"小偷"的家属的,这可以从他的"您从来没有想过要把他引上正道吗"这句话中有意无意地透露出来。但面对眼前的母女俩,他还是逐渐改变了看法。这种改变通过他的神情来体现,充分展示了他激烈的内心波澜:"神父的脸刷的一下子红了","神父头上开始冒汗了","神父吁了一口气"……相对于母亲的神色自如、镇定自若,神父的紧张程度远远超过了"小偷"的家属。他为自己原先对"小偷"及其家属怀有的想法而惭愧,这种惭愧的心态进而影响到他的信仰,因此,听着母亲诉说儿子的听话和吃苦,他嘴上说着"哎!上帝的意志是难以捉摸的",心里却"觉得这句话没有多大的说服力",他的人生经验已经让他逐渐怀疑上帝对于人世的控制力了。于是他只能真心诚意地想为眼前的母女俩做点儿什么。看到窗外人群的聚集,连神父都感受到了压力,于是和妹妹力劝母女俩避开这一场面。但母亲却表现得更为果断和坚强:"从女孩子的手里把鲜花夺过去,就向大门走去。"对神父和妹妹的善意,也只是礼貌地拒绝:"谢谢!""我们这样很好。"母爱给予她力量,使她可以冲破道德的谴责,战胜一切;使她可以坦然地"挽着小姑娘的手朝大街走去",不惧怕自以为有着道德优势的人们投来种种内涵各异的目光。

　　这就是母亲,一个有着无私母爱和人格尊严的母亲。马尔克斯用节制的手法,内敛的艺术,为读者成功塑造了这样的母亲形象,令人感动和心生敬意。

　　(本文发表于 2012 年第 7 期《语文周报》,浙江杭州,刊号:CN13—0702)

第四辑

表达技巧探究：

欣赏一池的绚烂春色

从柔石的原名说起

——兼析鲁迅的曲笔深意

一

《为了忘却的记念》是鲁迅为追悼左联五烈士而写的,其中关于柔石的原名,文中有如下表述:

我和柔石最初的相见,不知道是何时,在哪里。他仿佛说过,曾在北京听过我的讲义,那么,当在八九年之前了。我也忘记了在上海怎么来往起来,总之,他那时住在景云里,离我的寓所不过四五家门面,不知怎么一来,就来往起来了。大约最初的一回他就告诉我是姓赵,名平复。但他又曾谈起他家乡的豪绅的气焰之盛,说是有一个绅士,以为他的名字好,要给儿子用,叫他不要用这名字了。所以我疑心他的原名是"平福",平稳而有福,才正中乡绅的意,对于"复"字却未必有这么热心。他的家乡,是台州的宁海,这只要一看他那台州式的硬气就知道,而且颇有点迂,有时会令我忽而想到方孝孺,觉得好像也有些这模样的。

而一些权威辞书则将柔石的原名明确表述为"赵平福":

原名赵平福(后改平复)、赵少雄等,笔名柔石、金桥等,浙江宁海人。(《小说大辞典》)

原名赵平福。曾用名赵平复、赵少雄。笔名有刘志清、赵璜、金桥等。(《中国现代文学词典》)

柔石(1902—1931),原名赵平福,后改平复,笔名柔石等,宁海县城人。(《浙江省人物志》)

再看柔石自己对自己的称呼:

　　福已将小说三册,交与鲁迅先生批阅!鲁迅先生乃当今有名之文人,如能称誉,代为序刊印行,则福前途之命运,不愁窘促矣!内二册共有字二十万,名《旧时代之死》,分上下两卷,福于暑间费两月之心力,修改并抄成之,底稿则为两年前在杭构成之。(摘自 1928 年 9 月 13 日柔石给其兄赵平西的信)

　　近来尚欲与二三友人,办一种杂志,已得几位先生极力帮助。一月后或能办就,此杂志如何,于福将来,亦有极大关系……福半月来颇忙,以与二三友拟出刊物故。(摘自 1928 年 10 月 25 日柔石给其兄赵平西的信)

　　而同样在 1928 年 10 月 25 日的这封信中,柔石又自称"复":

　　近来周先生告诉我一本书,我买到了两本,假如这两本能翻好,我什么债都可以还光。这书共有十五万字,复想两个月翻译完。

　　此外,在宁海县柔石故居的柔石藏书中,有两本鲁迅著的《中国小说史略》,一本是当年柔石听鲁迅课时的讲义,书中亲笔写有"平复,北京"4 字。

　　由此可见,柔石平时自称"福"和"复",两名皆用。上述三部权威辞书也将柔石原名明确表述为"赵平福","赵平复"是后来的改名。这本来是确凿无误的事,但在《为了忘却的记念》这段文字里,鲁迅却只说"疑心他的原名是'平福'",没有说柔石的原名是"赵平福"。而早在 1931 年 4 月 25 日出版的《前哨》(纪念战死者专号)上,鲁迅先生为柔石作的《柔石小传》里,对其名姓更是只表述为:"柔石,原名平复,姓赵,以一九○一年生于浙江省台州宁海县的市门头。"丝毫不提及"赵平福"这个原名。

　　这不禁让人疑惑,以柔石与鲁迅之间"亲如家人"的关系,按常理鲁迅应该清楚知道柔石的确凿原名应是"赵平福",但先生却如此闪烁其辞、语焉不详。《为了忘却的记念》这种不合常规常理的表述,实在令人费解。是柔石隐讳不说,鲁迅疑而不知,还是作者有意避之不谈,甚至故曲一笔另有深意? 本文试就此作一探究分析,以求教于大家。

二

　　柔石是"左联五烈士"之一。"左联"全称"中国左翼作家联盟",成立于1930年3月2日,是以创造社、太阳社成员和鲁迅麾下的作家群为基础建立起来的,其中就包括有胡也频、柔石、殷夫、冯铿4位,五烈士中只有李伟森不是,但他与左联有工作上的联系。应该说,左联聚集了当时几乎所有中国左翼作家中的精英人物,组成了反抗国民党政府文化"围剿"政策、建设马克思主义文艺理论、推动文艺大众化运动的文艺集团。左联的作家不仅用文字回击国民党的文化围剿,还直接参与了同国民党当局的政治斗争。

　　1931年月7日,5位作家被国民党淞沪警备司令部以"共产分子""宣传赤化"等罪名逮捕,同年2月7日,与另外19位共产党员一起,在上海龙华被秘密枪杀。在闻知柔石、白莽等左联的5位青年作家遇难的消息后,鲁迅先生难抑内心的悲愤,先后发表《中国无产阶级革命文学和前驱的血》《黑暗中国的文艺界的现状》等文章,强烈抗议和揭露反动派的罪行。并在烈士遇难两周年的日子,带着无限的悲愤又写下《为了忘却的记念》之千古佳文。1936年4月,又写了《写于深夜里》。先生以文作悼,匕首投枪,叙写对柔石等左联五烈士的回忆,抒发对烈士的深切怀念和尊敬,以及对国民党当局卑劣行径的无比愤恨,号召民众应化悲愤为力量,以战斗来纪念死者。

　　众所周知,柔石是鲁迅一手培养起来的进步青年和革命战士。双方之间有着深厚的关系和情谊,可以说既是良师益友,又是同志战友,可谓一对感人至深的"忘年交"。他们并肩战斗的时间虽不到3年,但在斗争中所表现的革命情怀和"韧"的精神却是永彪史册的。

　　鲁迅自己也说:

　　我的决不邀投稿者相见,其实也并不完全因为谦虚,其中含着省事的分子也不少。由于历来的经验,我知道青年们,尤其是文学青年们,十之九是感觉很敏,自尊心也很旺盛的,一不小心,极容易得到误解,所以倒是故意回避的时候多。见面尚且怕,更不必说敢有托付了。但那时我在上海,也有一个唯一的不但敢于随便谈笑,而且还敢于托他办点私事的人,那就是送书去给白莽的柔石。(《为了忘却的记念》)

柔石和鲁迅的相识是在 1928 年,但柔石作为鲁迅的学生,他与鲁迅的相见却早在 1925 年。是年早春,柔石从宁波来到北京,在北京大学旁听,其时鲁迅在北大讲授《中国小说史》。鲁迅在 1928 年 9月 27 日《日记》载:"夜邀诸人至中有天晚餐,并邀柔石、方仁、三弟、广平。"这是见诸文字的鲁迅与柔石交往的最初记载。在交往之初,鲁迅直呼柔石其名:

夜为柔石校《二月》讫。(1929 年 10 月 5 日《鲁迅日记》)

下午柔石赠信笺数种。(1929 年 12 月 8 日《鲁迅日记》)

托柔石往德华银行汇寄诗荃买书款三百马克,合中币二百六十元。(1930 年 6 月 10 日《鲁迅日记》)

1930 年 5 月,柔石加入了中国共产党,揭开了他生命史上的崭新一页。鲁迅出于对党的信赖和热爱,对柔石更是倍加爱护、关怀,并在日记中亲切地改称柔石为"平甫":

六日晴。上午同广平携海婴往石井医院诊。董绍明、蔡咏裳来。是日为旧历中秋,煮一鸭及火腿,治面邀平甫、雪峰及其夫人于夜间同食。

二十六日阴。午后腹泻,服药。以平甫文寄靖华。夜雨。

这两则日记摘自 1930 年 10 月。至 1931 年柔石就义,鲁迅在正式场合一直以"柔石"称之,在日记中也是"柔石"居多,"平甫"极少。而柔石称鲁迅,则始终为"鲁迅先生"或"周先生""大先生",唯一一次用"赵少雄"之本名是在狱中写给鲁迅的信中。从称谓看,双方之间可谓"同志情深""亲如一家人"①。柔石敬鲁迅,鲁迅爱柔石,长晚之辈,亦师亦友,同志同道。

三

"平福"与"平复",一字之差,意义迥异。

按人之常理常情,鲁迅完全可以在日记中或在与柔石的交谈中称其"平福"原名,既显长辈之亲切,又见同志之友爱。退一步讲,就算鲁迅真的不清楚柔石原名是"赵平复"还是"赵平福",或者是先"平福"后"平复",也完全可以私下问询柔石得知。按照先生严谨求真的本性,他不可能忽略这个问题。之所以不提"平福"而含蓄地说成"疑心",这"怪异"表述的背后,我认为应该含有如下之目的和深意。

按鲁迅的理解,"平福"即谓"平稳而有福",所以乡绅才喜欢,才会强占这个名字。柔石后来成长为一个无产阶级的革命作家,追求进步,崇尚真理,为革命事业浴血奋战,即使在年轻时,也是胸怀大志,追求进步。他又有着典型的"台州式的硬气","而且颇有点迂",堪比家乡名士方孝孺。这么一个"迂"和"硬气"的柔石,在对待乡绅霸占自己名字的这件事上,他的顺从并改名也让人思量,因为这与他的性格相悖。

我们无从考证乡绅霸名、柔石改名发生的具体时间,大致推测应在柔石年轻之时、赴北大旁听鲁迅上课之前。此时的柔石已经是个初识社会、学有所成之人。柔石利用谐音,借乡绅之机改"福"为"复",不仅巧妙保留了名字的一贯读音(一般民间改名都利用谐音的规则,以遵从民俗与民风),而且赋予名字以全新的含义,所谓"名如其人",这个"平复"横空出世,是寄托着柔石对自己今后人生的远大志向和希望的。当然,从叫顺叫惯的角度去看,柔石改名之后,在家

---

① 王艾村.柔石评传[M].上海:上海人民出版社,2002.

信中一直是以"福""复"自称，这既是他"孝"之体现，又是从顺口之俗，是完全可以理解的。

"复"在现代汉语中的常见意义有"重复""繁复""答复""恢复""报复"，等等。《礼记·大学》有云："古之欲明明德于天下者，先治其国；欲治其国者，先齐其家；欲齐其家者，先修其身；欲修其身者，先正其心；欲正其心者，先诚其意；欲诚其意者，先致其知，致知在格物。物格而后知至，知至而后意诚，意诚而后心正，心正而后身修，身修而后家齐，家齐而后国治，国治而后天下平。"综上所述，在我看来，"修身、齐家、治国、平天下"与所谓"平复"，正好一致，也与"少雄"之名互补互证。柔石易名，其意在此。

而凭鲁、柔之间的这种亲密关系，鲁迅先生一定明白"平复"之真正含义。所以当柔石加入共产党后，他更欣喜地在日记中称其为"平甫"。所谓"甫"者，男子之美称也。"甫"与"复"相比，如果说"复"还只是一种理向、愿望的话，那么"甫"则是既成事实，是活生生的现实。从理想到现实，这是柔石追求进步、投身革命的光辉写照，尤其是成为中共一员，确实是可喜可贺之事，难怪连鲁迅也难掩内心之喜（这个喜应该还有海婴周岁之喜），以"甫"称之。这既是一种赞许，也是一种欣慰，同时还应含有更为热切的希望与期待——希望柔石继续战斗，继续成长，成为真正的刚猛斗士——"真的猛士"。这种希望和期待，是与鲁迅"横眉冷对千夫指，俯首甘为孺子牛"的精神高度相契的。

至于"平福"之名，在鲁迅眼里只是不入流的庸俗，只会遭到鄙弃，唯有封建迷信的乡绅之类才会趋之若鹜。鲁迅明明知道柔石的原名是"平福"，却用"疑心"一词点饰，故曲一笔，说此名"才正中乡绅的意"，入木三分地讥讽了乡绅恶霸的封建迷信思想之重，揭示出了其根深蒂固的劣根性；又在不意不觉之间盛赞了柔石易名铭志之举——这是个反封建、有大志的进步青年，他能改变自我、杀身成仁，最后成为"为了中国而死的中国的青年"（《记念刘和珍君》），"平复"

之名就是对他的最好印证。

四

鲁迅曾经说过:

在我自己,本以为现在是已经并非一个切迫而不能已于言的人了,但或者也还未能忘怀于当日自己的寂寞的悲哀罢,所以有时候仍不免呐喊几声,聊以慰藉那在寂寞里奔驰的猛士,使他不惮于前驱。至于我的喊声是勇猛或是悲哀,是可憎或是可笑,那倒是不暇顾及的;但既然是呐喊,则当然须听将令的了,所以我往往不恤用了曲笔,在《药》的瑜儿的坟上平空添上一个花环,在《明天》里也不叙单四嫂子竟没有做到看见儿子的梦,因为那时的主将是不主张消极的。至于自己,却也并不愿将自以为苦的寂寞,再来传染给也如我那年青时候似的正做着好梦的青年。(《〈呐喊〉自序》)

鲁迅为了唤醒沉睡在"铁屋子"里的人们起来抗争,自觉地听从将令,大声呐喊,甚至"往往不恤用了曲笔"。这里的"曲笔",是为了让作品增添一点亮色,让人看到一丝希望和光明,让革命者"不惮于前驱"。这是一种有点不合文理、近乎误笔的写法。套用到《为了忘却的记念》一文,鲁迅鄙弃"平福"而只称"平复"和"平甫",是不是也是要让我们读者看到这种曲笔背后所隐含的亮色和希望——

借柔石原名,既赞柔石借名寄志的"少雄"之材,又讽当时社会的封建迷信思想之重。同时希望有更多的沉睡在"铁屋子"里的人们,能像"平复"一样起来抗争,结束这"似人非人的世界"。

这,才是对柔石等五位烈士的最好记念,也是对这个黑暗社会的愤怒呐喊。

(本文发表于 2019 年第 4 期《语文教学通讯》,山西太原,刊号:CN14—1017)

在层层对比、衬托中展现人物形象

——《炮兽》赏析

《炮兽》选自雨果的名篇《九三年》,该小说是雨果晚年的扛鼎之作。小说围绕共和国志愿军粉碎旺岱地区反革命叛乱的斗争,描绘了一个史诗般惊心动魄的时代,再现了法国大革命时期严酷的阶级斗争和革命形势,体现了雨果的人道主义思想。

课文节选的故事发生在整部小说的开头。主要内容是描写叛军头目朗德纳克侯爵带领自己的舰队,从英国偷渡到法国的旺岱地区,企图勾结当地的反动武装,发动反革命叛乱。在波涛汹涌的大海上,一门没有锁好的大炮如同一头刚从关押的笼子里逃脱的猛兽,在军舰上滚来滚去,随时都有危险与意外发生,给所在军舰甚至整个舰队带来巨大灾难乃至毁灭性的打击。在这样的危急之际,那个被称为"乡下人"的"老头"——朗德纳克,以超人的冷静沉着与绝代的机智勇敢,成功制服了脱链的大炮,解除了危险,帮助自己的军队逃过一劫。

从《九三年》整部小说看,朗德纳克是雨果着力塑造的三大主人公之一,课文的内容实际上就是其中一个出场序幕,如同《红楼梦》中"林黛玉进贾府"的那一章节。虽是序幕,却写得有声有色,具有永恒的艺术魅力。雨果对"朗德纳克"这一人物的描写刻画可谓是花了不少心思——光是这一出场,就用心良苦,作者采用了层层铺垫的手法,通过人物之间的对比与衬托来一步步刻画人物性格、丰满人物形象,从而给读者成功塑造了一位"铁腕统帅"的艺术典型。

课文主要写了三个场景。第一个场景惊心动魄,作者花了大量笔墨,描写大炮脱链后随大海的波涛疯狂滚动破坏的情景,不厌其烦地铺陈渲染大炮巨大的破坏力和震慑力,运用了比喻、排比、夸张等诸多手法,将这个本无生命的冰冷武器写得有血有肉——既有猛兽的凶狠,又有冥冥中不可知晓的灵性和能量;它越是如此的凶暴、残忍、威力无穷,越能反衬出周围人的无能、怯弱和渺小,两者产生的强烈对比,为后文主人公的出场作了很好的环境渲染和背景铺垫。

在这样的情景下,第二个场景开始了。两位主人公登场。一位是大炮的主人,炮队队长;一位是舰队主人,最高统帅。只不过作者并未马上将人物的身份道明,而是故意留下悬念,先抑后扬。队长"面容苍白,神情凄苦",显然内心是极度的害怕与恐惧,虽强作镇静,却是"此地无银三百两",欲盖弥彰是也。而朗德纳克则"像一尊石像一样站着,一动也不动",形势的危急使他"用严峻的眼光望着这种破坏的情况",但内心却异常的镇定、沉着和冷静。两人在言行举止心理神态等方面的天差地别,却符合各自的身份与性格。在与大炮的殊死搏斗中,队长只知蛮干、武斗,虽勇而无谋;老头却巧妙智慧,在关键之际、生死关头,出手果断,技高胆大,以"比一切凶猛的搏斗更加迅速的速度"把一袋伪钞扔到大炮的车轮中间,从而制服了大炮。在这里,队长的勇武与老头的机智形成了非常鲜明的对比和映衬——队长的勇不仅衬出老头的更勇,而且也衬出老头的智。这样,朗德纳克智勇双全、临危不惧不乱、出手果断迅速的性格形象就被描写得具体而生动,传神而精彩。

课文的第三个场景,也即最后的结束部分,写朗德纳克性格中赏罚分明的一面。这是故事的结束,却是情节发展的高潮。这个结局有些悲壮,具有很强的悲剧意义。雨果同样也是用对比映衬的手法来刻画人物性格形象的。上帝给了朗德纳克两张嘴,一张嘴里说出了"奖赏"一词,另一张嘴里却说出了"枪毙"两字。一开始是火,结束时是冰——冰火两重天,人物形象即在这样前后鲜明的对比中突现了出来。可怜的队长,从激动的云端瞬间坠入死亡的地狱,而老头的那种铁面无私、赏罚分明、军纪严明的形象却是无比的光彩夺目。

总之,雨果通过这种层层对比与衬托的手法,给我们塑造了这样一位铁腕统帅形象,这为后文的具体展开作了很好的艺术铺垫,也使这一人物在文学史上成为经典。众所周知,雨果是运用对比手法的大师。他在《克伦威尔·序》中曾经指出:"丑在美的旁边,畸形靠近着优美,丑怪藏在崇高背后,善与恶共存,光明与黑暗相伴。"这条准则始终指导着雨果的创作,《炮兽》(包括整部《九三年》)就是运用这种对照手法的典型。

(本文发表于 2010 年第 2 期《中学语文报》,浙江杭州,刊号:CN33—0701)

于细微处见真情

——《项脊轩志》细节传情刍议

清人林纾在《古文辞类纂》一书中云:"震川之述老妪语,至琐细,至无关紧要,然自少失母之儿读之,匪不流涕矣。由其情景逼真,人人以为决有此状。"我很有同感。细读课文,未尝不为其以细节叙事写人,以细节抒情传情而赞叹不已。

综观全文,归有光以朴实无华的文字叙述了 4 件"可悲"之事:一是诸父异爨,透出封建大家庭分裂败落的可悲之情;二是由老妪之口侧面回忆自己的母亲,表达母爱的伟大,抒发幼年丧母、母爱难续的可悲之情;三是追忆自己的祖母,以"赠象笏"事写出祖母对自己的殷切厚望,对比自己,抒发了一种有负厚望的内疚惭愧之情;四是补写与妻子同窗学书的那一段恩爱生活时光,自是一种睹物思人、触景伤情的绵绵不绝之凄凉与伤感。

事事难忘,情情动人。震川先生的满腔可悲可叹之情,可谓是抒发得淋漓尽致,令人唏嘘不已。而此情此景,正是通过一些日常生活琐事,人物的真率言行来传递和抒发的,可谓是"于细微处见真情"也。

略举几例以说之。

如写分家,"东犬西吠""鸡栖于厅",作者巧妙借家中禽物来渲染烘托家道败落的那种凄凉与萧条——此起彼伏的狗声、人去鸡栖的厅堂,那种杂乱、冷落、自立门户的情景,自在不意间得到充分体现。这与古人借"鸡犬相闻"来表达"怡然之乐"的写法,真是一反常规、相去太远。此可谓是在选材与文笔上以细节取胜。再如写母亲母爱,作者通过一细节描写"以指叩门扉"来以小见大,给了读者无限的想象品味空间:女儿在"呱呱而泣",做母亲的内心肯定是心疼焦急,"叩门"的动作会很有力,声音会很响亮,这是符合常情的,母亲的形象也能刻画得形象真实。但作者却故意简笔,惜墨如金,用心良苦。只用"以指叩门扉"五字一笔带过,却饱含深情。作者有意不写"叩门扉"的具体动作与声音,却强调叩门扉的方式是"以指"——用封建大家闺秀之纤弱手指叩门扉,其动作、其声音,其内心的心理活动,使得我们可作无尽的联想。而这样细节传情的好处,则是使母亲的那种焦急、关切、担心之情显得更为真实合理;女性的温柔,母爱的伟大,更是在细微处得以形象突现。再如写祖母,一句"比去,以手阖门"颇值得我们深味。从全文看,此句完全可略去不写,不会影响文意的表达,写了反而有罗嗦之感。但真的如此吗?我想作为明代的散文大家,震川先生不会无知到这种地步吧?那么,作者这"画蛇添足"的短短之句,有何深意呢?我以为,关键在于"以手阖门"这一动作。因为此时此地,孙儿正在用功学习,闭门苦读,做祖母的多日不见,思孙心切,亲自寻觅,见此苦学之情景,方明白真相。内心潜伏的多年夙愿也一下子被激发——博取功名,光宗耀祖。于是她激动地去拿先人之象笏来激励孙儿再接再厉,但祖母并没有激动得失去理智,乱了方寸——走的时候用手轻轻地关上门,免得孙儿被外界杂声乱事影响而不能静心读书。临行的这一"关",写出了祖母考虑事情的缜密与细微,对孙儿的百般关爱与呵护,可谓一"关"而知真情。最后如写亡妻,按常理,归有光与自己的妻子伉俪情深,可写可记之事应是很多,但作者却偏偏不选择一些典型的事例作一描写抒情,却只是用一种朴实无华的文字回忆以前的恩爱生活。词句平实,大爱汹涌。一句"时至轩中,从余问古事,或凭几学书",真实复原了当初的生活情景。夫妻之间的恩爱之情,也就体现得真实具体了。

　　总之,细读全文,作者写这些"可悲"之事,抒内心的沧桑之感,全用细节叙述之,再配以一种悠悠不尽的表述,给人以无限的想象回味的空间,从而产生心灵上的共鸣。正如苏轼所形容的那种"余音袅袅,不绝如缕"的回声荡漾在人们的耳际,使文章有了极大的艺术感染力。

难怪与归有光同时代的黄宗羲也会如此评价:余读震川文之为女妇者,一往情深,每以一二细事见之,使人欲泣。盖古往今来事无巨细,唯此可歌可泣之精神,长留天壤。(《张节母叶孺人墓志铭》)我以为,这样的评价,是比较客观和真实的。

(本文发表于 2009 年第 1052 期《中学语文报》,浙江杭州,刊号:CN33—0701)

《长亭送别》的美学意蕴

《西厢记》在艺术上取得的卓越成就,使它成为我国古典戏剧的现实主义杰作,为明清以来的戏剧创作提供了宝贵的经验。《长亭送别》是其中的精华部分,最能代表整部《西厢记》的艺术成就。这折戏因系老夫人以"相国门第不招白衣女婿"为由,硬逼张生赴京赶考,得中状元后才得与莺莺完婚之故,恩爱情人的分手才显得特别缠绵感人。戏由三个紧密衔接的场面组成:赴亭惜别;把酒饯别;残照离别。三个场面,共十九支曲文,将艺术触角伸展到人物的心灵深处,集中刻画了莺莺送行时的痛苦心情和怨恨情绪,表现了张生和莺莺之间的真挚爱情,突出了莺莺的叛逆性格,强化了全剧歌颂婚姻自由、反对封建礼教的主题,在语言运用、意境创设、形象塑造等方面具有高度的审美价值。

一、绮丽典雅、生动活泼的语言美

作者采用古典诗词情景交融的艺术手法,既吸收了古典诗词语言的精华,又提炼、融合生动的民间口语,加重文章的斑斓色彩,增强语言的形象性和表现力,使这部作品辞藻纷呈,艳丽典雅。在博取众长的基础上,熔铸冶炼,形成自身华丽秀美的语言特色。这种特色是形成全剧"花间美人"艺术风格的重要因素,没有语言上这种五彩缤纷的艳丽多姿,"花间美人"就要黯然失色。

作者多处化用宋词的意象与意境,借词入曲,倚声传情,并运用比喻、排比、对偶、拟人、叠词等多种修辞手法,使曲文绮丽华美、活泼生动。字字含情,句句见意。不仅意美,更富神美。《端正好》一曲里,作者用几个带有季节性特征的景物,衬托出离人的情绪,把读者引向那富有诗情画意的情境里。王实甫化用范词之景,添加西风紧吹,北雁南飞之象,前四句每一句一个秋景,更将相思泪改成"离人泪",且拟人、反问自答使景物浸含离人之主观色彩,以经霜树叶如醉汉红脸,为泣血泪珠染成。并点明时间季节,绘出莺莺泪眼看世界之情态,将离别之苦写得更凄切更形象感人,且点出了整折离别的题旨。《滚绣球》和《叨叨令》两支曲子是朴素自然而具有浓厚生活气息的口语,但一经排比、重叠,又显得流转如珠,倾泻出莺莺与张生分别时的复杂心情。如上之处,在文中比比皆是。

作者还大量运用民间口语,吸收了不少的方言词和俗语、成语,而且善于将民间口语加工为富于文采的文学语言。例如《滚绣球》一曲的语汇、语句都具有民间口语的风格,可以说是口语的韵律化,通俗自然、生动活泼而又富于文采。

二、情景交融、富有诗意的意境美

作者善于描摹景物、酝酿气氛,以之衬托人物的内心活动,表达人物的心灵情感。多数场次饶有诗情画意,形成作品独特的优美风格。

意境美首先体现在作者选用多种优美的意象来寄情达意。碧云、黄花、西风、北雁、青山、疏林、淡烟、暮霭、夕阳、古道……作者借途中之景,传莺莺之情。她眼中的枫林红叶是离人的泪血;垂柳长条是拴征马的缰绳;碧云、黄花、西风、归雁、车儿、马儿,凡途中景物,无一不是传情寄恨的标记。

其次体现在作者善于借景来渲染氛围,烘托人物心情。人的喜怒哀乐,无不是在特定环境中展现的。触景生情,因情见景,客观生活存在着情境交辉的辩证关系。"柳丝长玉骢难系,恨不倩疏林挂住斜晖",写的是离情难舍,寸阴可贵,希望树梢"挂住"残阳不落,分明是写情,但同时我们也看到斜阳挂树、暮色苍然的景色。这是情中见景。反之,"青山隔送行,疏林不做美,淡烟暮霭相遮蔽。夕阳古道无人语,禾黍秋风听马嘶"。全是写景,莺莺送别张生那种凄怆悲苦的眷恋之情却真切可感。这是景中显情。一切景语都是情语,就因为感情本身没有形象,必须借助外部景物,用形象化的语言表达,才能成为具体可感的东西。综观《送别》一折,从头到尾不过写莺莺送别一件事,莺莺惜别一种情,但是读来不腻味厌烦,反而为那种浓郁的画意诗情所感染,这难道不是由于语言构成的形象、意境在起作用吗!

三、真切可感、鲜明饱满的形象美

王实甫很善于按照人物的地位、身份、教养以及彼此之间的具体关系,准确地把握人物的性格特征,并且调动多种艺术手段,生动、鲜明地将其表现出来。崔莺莺、张生、红娘、老夫人都由于王实甫的卓越才能而成为不朽的艺术典型。

不言而喻,崔莺莺是作者全力打造的主要人物。莺莺是一名敢于追求婚姻自主和幸福爱情生活的多情、痴情女子。作者一方面描写了莺莺依依不舍的痛苦之情;另一方面也表现了莺莺重情轻利的思想。她为离别而悲啼愁苦,悲痛之际,竟埋怨张生忘旧情而轻远别。这种埋怨正是爱极痛极的一种极端心理的表现,是一种深情的痴语。莺莺既倾诉着内心的万种离愁、无限幽思,又流露出怕被遗弃的痛苦心理。此时此刻,莺莺该有多少肺腑之言要说,然而她对"怜取眼前人"的临别赠言,其实正是她内心隐忧的曲折吐露,也是当时社会中司空见惯的身荣弃妻的悲剧在莺莺心灵上的阴影的反映。在莺莺看来,状元及第并不值得羡慕,最重要的是夫妻并蒂相守。而事实上张生应试是被逼的,他们的分离乃是封建势力的压迫所致。因此莺莺发出了对封建势力的怨恨。莺莺还进一步把怨愤指向那可恶的名利思想。"蜗角虚名,蝇头微利"观念造成了青年男女的爱情悲剧,而莺莺却对这种虚名微利表示了极大的蔑视与痛恨,这就把莺莺的思想感情由一般的离别之苦,推到一个更高的水平。

莺莺性格的最大亮点,就在于她的叛逆。在她心目中,金榜题名是"蜗角虚名,蝇头微利",不是爱情的前提和基础,因此临别时不忘叮嘱张生"得官不得官,疾便回来",与老夫人的态度形成鲜明的对照。同时,她也有深深的忧虑,明确地告诉张生"我只怕你'停妻再娶妻'"。"停妻再娶妻",这在男尊女卑的封建时代是有现实基础的。莺莺的态度突出地表现了她的叛逆性格和对爱情的执着。莺莺的离愁别恨,是她对不能掌握自己命运的悲哀和抗争,而不只限于"儿女情长"。她的离愁别恨中闪耀着重爱情轻功名、反抗封建礼教的思想光辉。

综上所述,《西厢记》问世以后,以其高度的艺术成就在中国文学史上产生了广泛而深远的影响。正如祝肇年先生所说:"《长亭送别》是一首真挚的抒情诗,是一幅淡雅的水墨画,是一支撩人心弦的离歌。它给人以深沉的美感享受,即使在中国优秀的古典戏曲中,如此凄艳感人的作品也是少见的。"

(本文发表于 2009 年第 1052 期《中学语文报》,吉林通化,刊号:CN33—0701)

略谈《阿 Q 正传》的讽刺艺术

　　《阿 Q 正传》这部小说,鲁迅是应孙伏园之约,为当时《晨报副镌》的《开心话》栏目而写的。那时孙伏园负责这个专栏,顾名思义,这个栏目主要登载一些讽刺性的轻松活泼的作品,"切'开心话'这题目"。鲁迅因此之限,加上当时特殊的政治环境与社会现实,故在《阿 Q 正传》的写作中,运用了高超的讽刺艺术,用幽默的语言借机讽刺一些反动、复古文人,并通过作品中塑造的人物形象,来批判现实社会中某些人的阴暗面,从而来揭露社会的黑暗与腐败。具体体现在以下三点:

1. 对封建复古者和买办资产阶级文人的无情挖苦

　　《阿 Q 正传》一开头,就显露出战斗性的讽刺艺术的锋芒。鲁迅将手中犀利的笔,如匕首一般,刺向封建御用文人,刺向这些文人所赖以生存的思想武器——孔孟之道。在第一章《序》中,作者引出了孔老夫子的"名不正则言不顺"的"格言",然后,再用幽默的笔调加以嘲弄。作者故意在"正名"上大做文章,列举了各种传记的名称,说明对阿 Q 都不适用。因为过去的传记都是替统治阶级树碑唱赞歌的,要替劳动人民尤其是像阿 Q 这样的"落后的不觉悟的农民"作传,这是很为那些正统的人所不齿的,这就势必要冲破孔夫子的陈规。接着,鲁迅又对以林纾为代表的封建复古主义者进行了无情的挖苦。当时,新文化的倡导者提倡白话文,反对文言文;主张废除方块汉字,改用拼音文字。这遭到了封建复古者们的强烈反对。"若尽废古书,行用土语为文字,则都下引车卖浆之徒所操之语,按之皆有文法"①。

---

　　① 见林纾《致蔡鹤卿太史书》。蔡鹤卿,即蔡元培。

对白话文极尽诬蔑之能事。他们还攻击主张汉字拼音化的人是"提倡洋字"，这样做是使"国粹沦亡"。鲁迅是新文化的主导者，针对林纾等封建复古者的这种论调，他非常幽默地引用林纾的话加以嘲弄，说自己的小说"因为文体卑下，是'引车卖浆者流'所用的话"。并且偏偏用"洋字"来给小说的主人公命名，这些都是鲁迅对封建复古主义者们的无情反击。

在第一章中，鲁迅还对胡适进行了辛辣讽刺。当时胡适大肆散布实用主义哲学，引诱青年进研究室钻故纸堆，他说自己是一个有"历史癖与考据癖"的人。他用"大胆假设、小心求证"的方法，大搞其《红楼梦》和《水浒传》的繁琐考证。鲁迅幽默地要胡适的门人来考证阿Q的姓名和籍贯，"只希望有'历史癖与考据癖'的胡适之先生的门人们，将来或者能够寻出许多新端绪来"。

2. 对反动统治者进行漫画式的辛辣讽刺

《阿Q正传》塑造了许多的反面人物形象，其中赵太爷与假洋鬼子是最有典型性的。赵太爷是未庄封建势力的代表，他依靠赵白眼、赵司晨及地保等人，在未庄称王称霸，横行不法。他贪婪狠毒，千方百计地从劳动人民身上榨取血汗。他对阿Q作威作福，最后竟把这个长年受他欺榨的阿Q送上了断头台。

然而，正是这个横行霸道的不法地主，在未庄兴起"革命"以后，却惶惶若丧家之犬，为保全自家性命，一反往常的态度，竟怯怯地称阿Q为"老Q"，甚至是"阿Q哥"，低声下气，丑态百出。这里，鲁迅就是通过漫画式的夸张的讽刺手法，对赵太爷进行了无情鞭挞，从而进一步揭露出这个人物的反动本性。

假洋鬼子则是半殖民地半封建社会统治阶级中另一类人物的代表。这个人物不但具有赵太爷那样的封建性，同时由于受了帝国主义的奴化教育，在他身上还有一股浓厚的"洋气"，也即是买办性。这种人物是中国半殖民地半封建社会的特有产物。钱府少爷是忠于清廷的,在东洋留学时还留着辫子,目的是回国后就可以做大官。可惜的是他的辫子竟被坏人剪去,当大官的梦想宣告破灭,所以出去不到半年就又回到了未庄。但他装起了假辫子,手上拿着文明棍,而走路的姿势却硬要摆出一副"洋架子",把腿拉得直直的,说话时动不动就"No"几下,以此向未庄的人炫耀自己是"留过洋"的人,身份、地位、见识等自是与众不同。小说正是通过这种漫画式的讽刺手法,调侃的语气,为读者塑造了这一特定的人物形象。

除此以外,鲁迅在《阿Q正传》中还塑造了一系列的反动人物形象。对于敌人,作者在讽刺与嘲笑中饱含着强烈的愤怒感情,并运用幽默的笔触给以尽情的暴露和无情的鞭挞。再举老把总这个人物作一简析。请看他带兵捉拿阿Q的这一幕:

……那时恰是暗夜,一队兵,一队团丁,一队警察,五个侦探,悄悄地到了未庄,乘昏暗围住土谷祠,正对门架好机关枪;然而阿Q不冲出。许多时没有动静,把总焦急起来了,悬了二十千的赏,才有两个团丁冒了险,逾垣进去,里应外合,一拥而入,将阿Q抓出来。

这简直是一幅绝妙的讽刺漫画!捉拿一个手无寸铁的阿Q,竟然动用了如此多的人马,并且架起机关枪!阿Q在里面呼呼大睡,而把总们却不敢进去。他们平时是多么的凶狠,抓人时却又如此的胆怯!作者高超的讽刺艺术,由此可见一斑。

3. 对阿Q及其"精神胜利法"的善意讽刺

毛泽东同志曾经说过:"我们是否废除讽刺?不是的,讽刺是永远需要的。但是有几种讽刺:有对付敌人的,有对付同盟者的,有对付自己队伍的,态度各有不同。我们并不一般地反对讽刺,但是必须废除讽刺的乱用。"(见毛泽东:《在延安文艺座谈会上的讲话》)鲁迅在《阿Q正传》中,对不同的人物,就是采用了不同的态度,掌握了恰当的分寸。如上所言,鲁迅对赵太爷、假洋鬼子、老把总之类的反动统治者,以强烈鲜明的憎恶的笔调,给予了痛快淋漓的揭露讽刺和无情的鞭挞。而对阿Q这个受剥削受压迫的下层劳动人民,鲁迅则是充满着深刻的同情。"哀其不幸,怒其不争",这是鲁迅对所有"阿Q式"劳动人民的基本态度。

阿Q是未庄一个落后的不觉悟的农民,他靠出卖自己的劳动力为生。他上无片瓦,只能寄住在土谷祠里;他下无寸土,唯有靠打短工度日。他也十分勤劳能干,"割麦便割麦,春米便春米,撑船便撑船"。然而,他也很自私,欺负比他弱小的小尼姑,而自己被人欺负时却常常用"精神上的胜利法"来安慰自己,把失败当作"优胜",从精神上进行自我陶醉。他受尽赵太爷等人的欺凌与摧残,最后又稀里糊涂地被杀,到死都不知道自己死的原因。

对于这个人物,鲁迅是用幽默讽刺的笔调来写的。但应该明确的是,鲁迅的这种讽刺是善意的,目的在于"暴露国民的弱点","揭出病苦,引起疗救的注意"。因此,鲁迅虽对阿Q身上的种种缺点进行了讽刺,尤其是他的"精神胜利法",但鲁迅决没有把阿Q写成一个滑稽可笑的"二流子",更没有在小说中流露出一种鄙视的眼光。相反地,在这善意讽刺的背后,却渗透着作者强烈的悲愤的感情。阿Q是个悲剧,他悲惨的一生是当时半殖民地半封建的旧中国里众多劳动人民苦难一生的深刻写照。作者正是通过阿Q这个人物,对这个"铁屋子"一般的黑暗腐朽的社会进行了愤怒的控诉和强烈的批判,从中,我们感到了一种强烈的震撼力。

(本文发表于2001年第8期《起跑线》,江西南昌,刊号:CN36—1227)

也谈《祝福》中的肖像描写

肖像描写是小说《祝福》刻画人物的一个突出特点。鲁迅先生曾经说过："要极节省地画出一个人的特点，最好是画他的眼睛。"（《我是怎样做起小说来的》）课文围绕人物的遭遇，三次刻画了祥林嫂的肖像，尤其是她的眼睛。从开始时的"顺着眼"，到第二次来鲁镇时的"眼角带着泪痕"，"没有先前那样精神"，捐了门槛以后"眼光分外有神"，可四婶一声喝，第二天"眼睛窈陷下去"，再到临死前的"瞪"着眼，"眼珠间或一轮"，都有丰富的内涵。眼睛与其他肖像描写相互配合，展示了人物丰富的内心世界，反映了祥林嫂悲剧的整个变化过程，也形象地反映了祥林嫂是怎样一步步被封建礼教和封建制度逼到绝境而致于死地的。作者就是通过这种形象而逼真的肖像描写，通过刻画人物本身直观真切的神态、外貌、心理活动等的变化与反差，从而对罪恶的封建社会进行了无情的控诉，同时也使文章具有了一种强烈的艺术感染力。

下面具体分析之。

课文中具体描写祥林嫂的肖像共有三次。第一次在文章的第34段，是在小说的开端："头上扎着白头绳，乌裙，蓝夹袄，月白背心，脸色青黄，但两颊还是红的。模样还周正，手脚都壮大。"这些描写突出了祥林嫂年轻、勤劳、朴实、新寡的特点。第二次在文章的第66段，是在小说的高潮到来之前："头上扎着白头绳，乌裙，蓝夹袄，月白背心，脸色青黄，只是两颊上已经消失了血色。"这说明祥林嫂精神上受到刺激，内心极度悲伤。第三次描写祥林嫂肖像在文章的第3段，是在小说的结局中："五年前的花白的头发，即今已经全白，全不像四十上下的人；脸上瘦削不堪，黄中带黑，而且消尽了先前悲哀的神色，仿佛木刻似的。"从这一次的肖像描写中可以看出，祥林嫂遭遇悲惨,乞讨无路,陷于绝境,内心深处受到摧残,精神麻木,已濒于死亡。这三次描写着重于祥林嫂的穿着打扮、神态脸色、肖像特征等的前后变化,告诉我们一个善良、勤劳的女子是如何被封建礼教一步步逼向死亡的。其中,对眼睛的前后变化的描写,更是鲜明地表现了人物的身世遭遇和内心精神世界的变化。第一次描写祥林嫂的眼睛是"顺着眼",第二次写她"顺着眼",但"眼角上带些泪痕,眼光也没有先前那样精神了"。联系故事情节来看这前后两次"眼睛"的变化,不难看出,第一次描写表现了祥林嫂安分耐劳的特点;第二次描写则是她在人生路上遭受惨重打击,内心痛苦而又难以表达的外在表现。最后在结局中描写她的眼睛"只有那眼珠间或一轮,还可以表示她是一个活物",表明她在长期的严重的打击与折磨下,已陷入极度悲哀,内心的痛苦已无法表露,精神已经完全麻木了。而当她向"我"发问时,"那没有精采的眼睛忽然发光了",这"发光"是在长期痛苦的思索中,她所产生的对灵魂的怀疑给她带来的希望。当她连这一点点希望都无法实现的时候,就只有在人们的一片祝福声中告别人间了。这样描写,就深刻地揭示了小说的主题。

综上所述,小说中主人公的肖像描写,是刻画人物性格特点的重要手段之一。由此,我们还可以看出这篇小说的又一特点,即以"我"写"她",用第一人称来写小说中的人物。小说开头和结尾都有"我",这使读者更感亲切,增加了故事人物的真实性和小说的说服力。在故事发展过程中,虽然"我"未出场,但字里行间,尤其是描写人物肖像和言行时,我们仍然可以感到"我"在场,"我"密切注视着祥林嫂的命运,而且用"我"的思想情绪来感染读者。这种手法,一方面使读者对祥林嫂产生同情和关怀的感情;另一方面对鲁四老爷等进行了无情的批判,使小说的主题对读者产生了潜移默化的影响。

(本文发表于 2005 年第 6 期《语文学习报》,吉林通化,刊号:CN22—0028)

在幽默风趣中显现强烈的爱憎

《拿来主义》这篇杂文写于 1934 年 6 月 4 日。鲁迅写此文，意在揭露帝国主义的对华侵略政策和反动派的卖国罪行，阐明无产阶级该如何正确对待中外文化遗产的基本观点。

犀利的语言、幽默的讽刺是本文最大的特色和亮点，也是鲁迅杂文的主要特色。而本文在论述上采用了比喻论证的方法，更是使文章显得表达诙谐风趣，说理形象深入，议论通俗易懂，批判入木三分。

1. 用"孱头""昏蛋""废物"们的做法比喻对待文化遗产的三种错误态度。

文章第九段论述当前一些人对待文化遗产的种种错误态度和做法。作者没有直接的说理批判，而是运用比喻论证的手法，将道理说得深入浅出，形象生动。先用"得了一座大宅子"比喻"面对整个文化遗产"，然后再用三种人的荒唐做法来喻证对待文化遗产的错误态度。"如果反对这宅子的旧主人，怕给他的东西染污了，徘徊不敢走进门，是孱头；勃然大怒，放一把火烧光，算是保存自己的清白，则是昏蛋。不过因为原是羡慕这宅子的旧主人的，而这回接受一切，欣欣然的蹩进卧室，大吸剩下的鸦片，那当然更是废物"。孱头"怕被染污"而"徘徊不敢走进门"，害怕继承拒绝借鉴，是为逃避主义；昏蛋"勃然大怒放一把火烧光"，盲目排斥，是为虚无主义；废物"欣欣然蹩进卧室大吸鸦片"，崇洋媚外全盘西化，是为投降主义。这样，通过对三类人的形象描述，读者就能清楚地看到对待文化遗产的种种错误做法，言语形象而讽刺深入，表达了作者强烈的批判意识。

2. 用"鱼翅""鸦片""烟枪和烟灯""姨太太"等来比喻对待文化遗产的正确做法。

在论述了对待文化遗产的种种错误做法和态度后,接下来鲁迅很自然地论述了如何正确对待文化遗产的问题。长期以来,由于中国政治、经济、文化上的落后,各帝国主义不断输入鸦片、枪炮、香粉、电影及各种小东西进行军事、经济、文化侵略,因而使清醒的青年对于外来的东西"发生了恐怖",产生了一种盲目排外的思想,不能正确对待外国的东西。当时上海《文学》月刊正在讨论如何对待"文学遗产"问题,在讨论中存在着"全盘肯定"和"全盘否定"两种错误倾向。鲁迅感到,由于帝国主义的侵略和反动政府的媚外,造成了民族文化的严重危机,同时革命队伍内部在对待中外文化遗产的问题上也存在着相当混乱的观点。如何简洁、形象、深入地阐述实行"拿来主义"这个正确主张,是个关键的问题。而运用比喻论述,变复杂为简单,化抽象为形象,这是最好的做法。

在文中,作者用"鱼翅"比喻文化遗产中的精华部分,"只要有养料,也和朋友们像萝卜白菜一样的吃掉。"用"吃掉"比喻要"吸收精华"。又用"鸦片"比喻文化遗产中精华、糟粕互见的部分,"只送到药房里去,以供治病之用,却不弄'出售存膏,售完即止'的玄虚"。来形象说明对此要"批判地吸收"。再用"烟枪和烟灯"比喻文化遗产中的旧形式,"除了送一点进博物馆之外,其余的是大可以毁掉的了"。告诉我们要抛弃为好。最后用"姨太太"比喻文化遗产中的糟粕部分,"大以请她们各自走散为是"。鲜明地亮出了自己的观点——"坚决抛弃"。

通观全文,作者正是采用这种形象生动的比喻,来进行深入的论述和说理,也让自己的爱憎喜恶之情,含蓄地寓于比喻之中。学习本文,同学们一定要把握鲁迅杂文的这一特色。

(本文发表于 2003 年第 22 期《中学语文报》,吉林通化,刊号:CN33—0701)

一曲抒写离愁别恨的千古绝唱

——《长亭送别》抒情艺术探究

戏总要写情,它是以情感人的。《西厢记》之所以有那么强烈的艺术感染力,原因之一是它的作者不仅善于从人物与人物的关系中描写人物,而且善于从特征性的生活氛围中描写人物。《长亭送别》一折,历来被誉为写离愁别恨的绝唱。这出戏主要是写莺莺和张生的离情别绪,并无奇特情节。但作者王实甫却能别出新意,写得充满诗情画意,却又哀怨动人。

一、运用情景交融的艺术手法写情

人的喜怒哀乐,无不是在特定环境中展现的。触景生情,因情见景,客观生活存在着情景交辉的辩证关系。"柳丝长玉骢难系,恨不倩疏林挂住斜晖",写的是离情难舍,寸阴可贵,希望树梢"挂住"残阳不落,分明是写情,但同时我们也看到斜阳挂树、暮色苍然的景色。这就是情中见景,景中寓情,情景交融。又如《一煞》一曲,以青山疏林,淡烟暮霭,夕阳古道,禾黍秋风,构成一幅深秋郊外黄昏的画面。"青山隔送行,疏林不做美,淡烟暮霭相遮蔽",是写莺莺怅然痴立,极目远送,流露出欲见不能的惆怅和不忍离去的眷恋。"夕阳古道无人语,禾黍秋风听马嘶"是写耳闻,进一步表现她的惆怅和眷恋。"无人语"不仅是写在寂寞的夕阳古道上听不到一点人说话的声音,而且是写莺莺感叹张生离去,欲语无人。这"无声"和"有声"两相映衬,更加烘托出当时环境的凄凉和莺莺痛不欲生的悲哀。这支曲子以景衬情,化情入景,情景交融,生动展现了莺莺"离愁渐远渐无穷"的心境。

二、运用情随境迁,境因情异的写实手法写情

开始,借途中之景,写莺莺之情。碧云、黄花、西风、归雁、车儿、马儿,凡途中景物,无一不是传情寄恨的标记。这是特定的途中之境与莺莺之情的合一。接着是长亭离筵,环境一变,情随境转,杯盘酒菜,都供传情。继而,曲终人散,只剩他俩和红娘,境变又致情变。在此四顾无人之境,她才可以向张生倾诉私情,进行临行前的殷殷叮嘱。最后,目送张生远去,独留莺莺,人远山遥,含情凝望。这里,作者深入细腻地雕绘崔、张的离别之情于不断变化的环境之中,这样,这种情感就显得异常地具体、形象和真实、真切,从而引起读者强烈的感情共鸣。

三、借助富于文采的戏曲语言写情

王实甫的戏曲语言以富于文采为特色,曲词之美与剧作的故事之美、人物之美、意境之美和谐统一。这在《长亭送别》一折中尤为突出。作者运用多种多样的修辞方法生动形象地表现人物的心理,抒写生动逼真的情感活动。全折运用了比喻、夸张、用典、对比、对偶、排比、反复、叠音、设问等多种修辞方法。特别是巧用夸张,并与比喻、用典、对比等结合,情随物而生,景因情而设。作者还善于把典雅凝练的古代诗词与通俗流畅的民间口语融为一体,从而形成清丽华美、生动活泼的语言风格。作品的语句融入了不少古代诗词,融入了大量民间口语,吸收了不少的方言和俗语,其特有的语义、情味和表达效果与剧中语境相契合,增添了语言的文采和表现力,增强了抒情的效果与感染力。

(本文发表于 2003 年第 17 期《语文学习报》,吉林通化,刊号:CN22—0028)

浅析《荷花淀》的美学意蕴

《荷花淀》是现代著名作家孙犁的短篇小说代表作。孙犁是一位在小说创作上有着自己鲜明艺术风格的作家。追求散文式的笔法，追求诗歌般的意境，这是孙犁小说尤其是短篇小说的独特的艺术风格。他既不追求情节的离奇曲折，在人物形象的塑造上也不刻意雕镂，而是运用类似中国写意画的技法，只求神似，不求形肖。他特别擅长通过平凡的日常生活的描写，展现人物的精神面貌，从中去挖掘人物特别是农村劳动妇女的心灵美、情操美。《荷花淀》就是这一特色的代表，它具有近似于诗歌和音乐那样的艺术魅力，简直可以当作抒情诗来诵读、欣赏，有很高的美学价值，甚至有人称其为"诗体小说"。具体来说，体现在三个方面：

1. 如诗如画的场景描写

战争题材的文章，写的往往是那种狼烟四起、炮声隆隆、血流成河、横尸战场等特定的场景，目的是为了突出战争造成的灾难。而然，本文却一反常态。小说反映的也是残酷的战争年代，描写的是抗日战争的事情，但作者并没有直接写战争的激烈、残酷。而是把笔墨集中在普通百姓的夫妻之情、家国之爱上。通过描写这些善良、纯真的人们在战争环境中表现出人性的光辉，来表现人民不畏强暴，保卫家园的精神状态。

小说一开头，作者用寥寥几笔就在我们面前展开了一幅饱含着诗情画意的风景画，同时也是风俗画。应该说，这一段景物描写，本身就是一首情景交融的散文诗，一曲情意酣畅的田园交响乐，一幅意境清幽的水彩画。这里面不仅写出了荷花淀地区特有的生活气息、浓郁的地方风情，而且还弥漫着荷花清新的香气呢！

作者不但把劳动生活的场景写得那么富有诗意，更难能可贵的是，他能够把战斗的场景也写得同样富有诗意。如在"探夫归来""助夫杀敌"两部分中，对日本人的大船紧追过来的描写、对妇女们划船情景的描写、对荷花淀中荷花荷叶的描写以及对真正战争场面的描写……无不是用了一种散文的笔法，诗化的语言，从而使作品具有了诗情画意，充满了美感。

2. 简洁朴素的对话描写

"言为心声"，对话是展示人物性格、塑造人物形象的重要手段。不同身份、地位、场合、环境、心情等条件下，人物的言语也有着细腻、生动的变化。在《荷花淀》中，对话描写是小说刻画人物的一种重要手段。"夫妻话别""马庄探夫"等情节中均是人物的对话，这些对话简洁朴素、生动可感，极显人物的内心世界和性格形象，读来意味悠长。

3. 生动传神的细节描写

"于细微处见真情"，细节描写最能体现人物的内心活动，刻画人物的性格和形象。文学作品中那些典型的细节描写，往往让读者永难相忘。孔乙己在咸亨酒店"排出九文大钱"的这一细节，就活脱脱地写出了他的一副"死要面子摆阔相"，至今令人回味无穷。同理，课文中也有几处经典的细节描写。

"女人的手指震动了一下，想是叫苇眉子划破了手。她把一个手指放在嘴里吮了一下"。这一细节描写，足以让我们透视到人物内心复杂而激烈的情感活动。丈夫要参军到大部队上去，这是意料之中的事；但"明天"就走，却又是意料之外。丈夫的话无疑使水生嫂震动——手指的"震动"正是心灵"震动"的反射，她此刻有多少复杂的情感涌向心头：几年的夫妻恩爱、可能的牺牲、可恨的日本鬼子、可爱的家乡……激烈的情绪冲撞，几乎使她难以自持，但她还是挺住了——"她把一个手指放在嘴里吮了一下"，水生嫂用这个动作迅速平衡了自己的情绪;她不能让丈夫看出自己内心的震动,那是软弱的表现;她不能"拖尾巴",她必须坚强。从中我们看出了水生嫂识大体顾大局、坚强刚毅的性格特点。

(本文发表于 2005 年第 28 期《语文学习报》,吉林通化,刊号:CN22—0028)

附：

最是书香能致远

——阅读与我的专业成长

又是一年秋风起……

不意惊见,我在神圣的三尺讲台之前已站立了刚好 14 个年头。"十年一觉扬州梦",当时间老人将一切铅华洗尽之后,回头望望,一路行来的足迹竟是如此的深浅不一,曲折坎坷。感慨之余,心中唯一感到欣慰的,是那一路的书香始终充盈心头,伴随左右。我至今仍清晰地记得,当年大学毕业之际,我在写给所有同学的留言中都有这么一句话:"阅读与写作是我过去、现在和将来的生活底色,我因此而快乐、无悔!"是的,这既是对过去 4 年大学生活的回顾与总结,更是对自己今后人生的自勉与定位。现在,我可以肯定地说,我坚持了,尽管我做得不是最好。

生活:因阅读而充实

佛家有语:"唯是经典,与众生俱。"(白居易《苏州法华院石壁经碑》)是的,生活离不开书,离不开阅读。书,尤其是经典,应该是与一生俱、众生俱的。

人是一根能思想的苇草，法国思想家帕斯卡尔说得好："思想——人的全部的尊严就在于思想。"（转引自苏教版必修五《人是能思想的苇草》一文）但思想从何而来？尊严怎样生成？一切皆源于对书的阅读和学习。书是人类思想文化的结晶，古今中外之人对此多有宏论。我有时只会傻傻地想：如果没有书，我的生活将会是怎样一种生活？我的人生将会是怎样一种人生？我还能担当起"传道受业解惑"的重任吗？还能在三尺讲台前意气风发地"指点江山，激扬文字"吗？

是书本充实了我的生活，是阅读丰厚了我的思想。

众所周知，做老师难，做语文老师更难，做个好的语文老师难上加难。语文老师应该是博学多才的，这对初执教鞭者来说是一种痛苦和挑战。就如我，当初的困难和压力至今不忘：

"作为百年名校、省一级重点中学，绍兴一中辉煌的过去早在我心中镌刻成了一道不衰的风景。能在一中工作、学习，是我多年的梦想与追求。而今，当我终于放下行囊，亲身站立于学校粉黄色的教学大楼之前，还来不及分享内心的激动与喜悦，我的心中已充满紧张与不安。我明白了'一中教师'这个称呼的沉重分量：多少个学子盼望着我，多少位家长期待着我，'学高为师，身正为范'，除了拼命地学，拼命地练，拼命地提高，我还能再做些什么呢？"（节选于我工作第一个月时，获得绍兴市师德征文二等奖的文章，题为《甘为孺子牛》）

是啊，像我这种无经验、无能力、无水平的"三无产品"，既没博学也不多才，除了向老教师们求教之外，只能拼命地向书本学习、讨教了。不然，我还能有什么别的选择呢？

于是，买书，读书，教书，便成了生活的全部。现在看来，这10年中，我确是买了、读了不少的书：专业的，非专业的；理论的，非理论的；教学的，非教学的；还有古今的、中外的……如此种种，不一而足。

总之，是工资的一半用作了买书，书房的全部用来了塞书，工作之余用在了读书。于是心，便也在书海中慢慢地沉静下来。

杨绛先生在她的《读书苦乐》一文中，将读书形象地比作"串门儿"，说读书是一种"'隐身'的串门儿"，人与书，亦师亦友，读书如同访友，如在与友谈心。这是何等自由与自在的读书境界啊，而我的"素读论"与它竟是如此的相似。我以为，读书可以不求甚解地粗读，可以一字一句地细读，也可以杂取种种地泛读，只要眼到手到心到，只要有书有时间，就可一读，只要一读，必求一得。这些年来，我都坚持用这种方法阅读。和书本结友，与文字谈心。千江有水千江月，万里无云万里天。我在书林里广种薄收，努力使自己的精神家园更加丰厚，思想土地不断肥沃，知识世界越加宽广，教学水平持续提高。杜甫说得好："读书破万卷，下笔如有神。"我虽没有读到"破万卷"的数量，下笔也没有达到"如有神"的地步，但"书读百遍，其义自见"的境界和"富家不用买良田，书中自有千钟粟；安居不用架高堂，书中自有黄金屋；出门莫恨无人随，书中车马多如簇；娶妻莫恨无良媒，书中自有颜如玉；男儿若遂平生志，六经勤向窗前读"（宋赵恒《励学篇》）的滋味，我多少是真真切切地领受过了。

我曾有幸，2000 年参加了"绍兴市属语文学科青年骨干教师研修班"，2005 年加入了"绍兴市中小学青年教师'研究者'联盟"，这使我有了更好的学习机会：观摩专家的上课，学习大师的经验，阅读专业的理论，进行科学的研究……由此不断提升了我的教学、教研能力。

古人云："耐得寂寞好读书。"是的，书里日月长，文中天地大——这样的书香生活，怎一个"充实"了得。

课堂：因阅读而灵动

讲台是我的人生坐标，课堂是我的生活舞台。

在我看来,教学是一门极富创造力的艺术,尤其是语文学科。语文的多义性给了语文老师一方展现自己才艺的广阔天地。语文课堂是开放的、创新的和有个性的。同样的文本,不同的教师读后会有不同的理解和感悟,因此而生成的课堂教学也会是风采各异。所以"教书"首先必须是读书——读出自己对文本的理解和感悟,如此才能取得在课堂上的"发言权",才可挺直了腰板教书。叶圣陶先生说:"教材无非是例子。"但这个"例子"可不是随便就能对付的,需要我们作认真的、深入的、有创造性的研读,唯有如此,我们才能在课堂上从容不迫,谈笑风生,呼风唤雨。

窃举三例以说之:

备课《林黛玉进贾府》,我在研读中突然产生这样一个疑惑:贾府太大了,各种建筑也很多,学生肯定搞不清林黛玉的行踪。实际上,这个问题已经涉及对课文主要事件和典型环境——"进贾府"的理解。于是我就以此切入,设计了一堂"活动课"——让学生找出文本中所有关于林黛玉行踪的语句,画画贾府的平面布局图,说说各处建筑的特点,——让学生给林黛玉做一回"导游"。结果学生很感兴趣,个个仔细阅读文本,找行踪,画图画,写导游词,概括各处建筑的风格特点。这节课,自然在"寓教于乐"中成功结束。

备课《项链》,我发现玛蒂尔德身上有不少闪光点:诚实、守信、勇敢、勤劳、自尊,是个很可爱的女子;而当时的教参却说玛蒂尔德是个只追求吃喝享乐的小资产阶级妇女。面对这完全相反的两种理解,是一棍子打死还是巧加点拨、为我所用? 我于是将自己的理解与教参的说法同时印发给了学生,要求他们好好阅读课文,找出证据来证明。学生个个很认真地阅读,读后都为自己的立场"愤而论争"。我因势利导,将全班学生分为正反方(持教参观点的为正方,赞同我的理解的为反方)两组,要求他们各自再去深读文本,广查资料,细找论据,精写辩词,下节课来一番唇枪舌剑,作一次精彩辩论。最后结果当然是学生对两种观点都有了深刻的理解与认识,但一致认为,对于玛蒂尔德这个人物,我们理应赞美多一点,批评少一点;同情多一点,嘲讽少一点。试问:这样的教学处理方式,比教师自己一味的讲解是否要生动得多? 深入得多?

研读鲁迅的《祝福》,心中闪过这样一个问题:祥林嫂后来为何不叫"老六嫂"? 是呀,小说中只提到她嫁给了卫家山的卫祥林,所以大家都叫她"祥林嫂",这是封建社会的习惯称呼。可后来祥林嫂再嫁给贺家墺的贺老六时,为什么人们没有按习俗叫她"老六嫂"呢? 是作者的一时疏忽,还是另有深意? 看来,问题虽然细微,但我以为搞清楚这个问题的来龙去脉,并以此作为教学的切入点,展开全文的教与学,对于把握祥林嫂这个人物形象,理解小说的主题和悲剧意义,了解有关封建社会的礼教思想、贞节观念,应该会有一定的帮助与好处。那么,何不试一试呢? 于是我和学生一起讨论、分析、归纳、总结。结论为:当时的人们都和祥林嫂自己一样反对再嫁,以再嫁为耻,说明社会是不认同"再嫁"这种事的。这足以证明当时的封建礼教思想尤其是贞洁观念极其严重,对人的毒害之深,作者这样写突出了封建思想"吃人"的本质,增加了小说的悲剧气氛和悲剧意义。

我以为,世上文章千千万,研读教材第一关。我喜欢把这种研读所得搬入课堂,生成教学,即使失败,也不失意;并且喜欢将这种教学实践之成败得失写成文字去投稿。粗略算来,至今在省级以上报刊上发表诸如"教材赏析""教学设计""教学实录""备课资料"之类的文章百数十篇。这,都应归功于平时的阅读与钻研。

教研:因阅读而精彩

天道酬勤。

我本愚笨,但我踏实、勤奋、肯吃苦,骨子里有一种对文字的自然热恋。大学4年,我边读边写,毕业时居然在一些报刊上发表了十数篇豆腐干大小的文章(全是散文),我因此被系里的同学称作"中文系的小才子"。工作至今,10年的时间里我再读再写,将阅读时的所感所悟、备课中的研究发现、课堂里的酸甜苦辣等,付诸文字,变为铅字。积聚至今,成果颇丰:

我开设过市属级、市级的公开课,2004年我作为浙江省的代表,在江西南昌一中举行的"苏、浙、赣三省十八校第20届语文年会"上,执教《中国人失掉自信力吗》,这些课均得到了与会老师的一致好评;我获得过绍兴市属第二届教师基本功比武高中组语文学科二等奖,绍兴市创新试题设计一等奖,还有其他各种名目的奖项。

我担任了《中学生导报》的特约编辑、《语文学习报》的特约撰稿人。至今在《中学语文教学》《语文教学通讯》《语文学习》《语文建设》等国家级中文核心期刊发表语文教学类论文6篇,在省级以上的20多种报刊上公开发表各种教育教学方面的文章200余篇,计30余万字;多篇论文荣获省、市、市属级一、二等奖;参编各种教辅书籍11本,计40余万字。

我主持或参与过校级、市属级、省级等各级课题,其中主持的《学生古典诗词鉴赏能力培养策略研究》荣获市属教科研成果二等奖,后被立为省级教研课题,并于2006年顺利结题;参与的《让学生学会自主学习》课题,获得了市级教科研成果评比一等奖;参与的省级课题《高中作文情趣教学的研究与实践》也于2007年顺利结题。

我担任了学校"银杏文学社"的辅导教师,多年来指导的学生作文在各种比赛中获奖颇丰,在报刊上发表的也较多。

我被学校的一些老师冠以"绍兴一中的一支笔"的雅号,而我的学生在她的博客中居然对我也有如下的评说:

朱水军老师,您是写文章最好的语文老师,也是一个多产的小文人,您在报刊上发表的大小豆腐干的数量永远让我们咂舌。您是一个典型的文夫子的形象,堪称中文系男人的代言人哦!(张卓晨:《写

给我留恋的 …… 们》，http：//blog. sina. com. cn/s/blog _
49caf730010005h9.html)

这位在上海音乐学院就读的高材生，居然把我提到"夫子"的高
度，我实在是愧不敢当；但"小文人"这顶帽子，我则很乐意戴在头
上—— 我身我形，恰如其论，实在是说得形象而贴切。

10 年，已是弹指一挥间。

但课里课外，一路行来，我始终与书相伴，不离不弃，亦师亦友，
这已成为我生活的主色调和主旋律。有歌曰：你相信吗这一生遇见
你/是上辈子我欠你/是天意吧让我爱上你/才又让你离我而去/也许
轮回里早已注定/今生就该我还给你/一颗心在风雨里/飘来飘去都
是为你/一路上有你苦一点也愿意/一路上有你痛一点也愿意/就算
是只能在梦里拥抱你。(《一路上有你》谢明训作词，张学友演唱，有
删节)这，多少可借以比喻我与书的情缘。

"带着一颗心来，不带半根草去"。(陶行知语)应该感谢书本，感
谢生活，感谢所有帮助我、关心我的人。是书本让我变得如此美丽，
是阅读让我收获许多荣誉：绍兴市属语文学科带头人、绍兴市高考学
科"考试与评价"项目组成员、绍兴市属语文学科青年骨干教师研修
班学员、绍兴市中小学青年教师"研究者"联盟成员。另外，我还担任
了学校语文教研组副组长兼备课组长之职，成为学校最年轻的教研
组长之一。但这些荣誉的背后，也实实在在地充满了我无限的劳累
与艰辛，浸淫着我不尽的汗水和心血。2005 年以来，我身体有病，尤
其是因双眼视网膜出血而导致视力急剧下降，多次赴上海手术仍无
力回天，目前两眼矫正视力加起来才 1.1，医生说能这样保住不再加
重，已是"阿弥陀佛"了。呜呼，我只能被迫向心爱的书本特别是电脑
说"拜拜"了，但事实上却总是欲罢不能、藕断丝连，因为这样那样的
原因。

越剧《红楼梦》中，黛玉这样悲吟自己："我一生与诗书作了闺中伴，与笔墨结成骨肉亲。"我不欣赏她的性格，但却敬仰她的这种诗书人生。我生也有涯，而知也无涯。我唯有一路阅读，一路前行。路漫漫其修远兮，吾将上下而求索——

走一步，再走一步。

注：本文因参加 2008 年度浙江省"阅读与我的专业成长"论文评比而作，后获一等奖，又作为封面人物介绍，发表于《语文教学研究》2009 年第 8 期。

后记

拥有一本自己的书，这是我多年来的梦想。

如今，这个梦想终于要成真了，心里很是感慨和激动。说"感慨"，是指这本书的出版前前后后经历了五六年，从酝酿到准备书稿，到联系出版社出版，中间经历了些许波折，虽然不至于"山重水复"，但也算得上是曲曲折折，弯弯绕绕，颇为不易。说"激动"，当然是指向于此时此刻我的心情心境，此时本书的"呱呱坠地"，付梓出版，可谓是自己21年来教学教研心血的结晶，也可以说是对自己一路走来的历程记录与见证。我不想也不敢去预测书出版后会"后事如何"，但至少对于我自己，还是足可以自慰、自喜和自豪的。

感谢上海社会科学院历史研究所的马学强教授，是他的热心帮助和牵线搭桥，才让我的梦想得以"柳暗花明"；感谢上海社会科学院出版社的蓝天主任，是她的鼎力支持和全程关注，才让书的出版"豁然开朗"；当然还有在本书编辑过程中付出辛苦努力的编辑和美工，还有我的家人、同事，你们都是我生命中爱我的人和我爱的人，在此一一谢过。

在不惑之年的第五个生日后，得捧此书，聊以慰怀。希望书的内容,能让每个阅读此书的人不至于失望,也希望书中存在的不足和错误,能得到您的批评和指正。

岁月静好,初心不忘。

且行且珍惜。

2019 年 10 月 17 日

图书在版编目（CIP）数据

就这样解读课文 / 朱水军著 .— 上海 ：上海社会
科学院出版社，2019
ISBN 978 - 7 - 5520 - 2966 - 6

Ⅰ.①就… Ⅱ.①朱… Ⅲ.①中学语文课—教学研究
—高中 Ⅳ.①G633.302

中国版本图书馆 CIP 数据核字(2019)第 251375 号

就这样解读课文

著　　者：朱水军
责任编辑：蓝　天　路　晓
装帧设计：高静芳
出版发行：上海社会科学院出版社
　　　　　上海市顺昌路 622 号　邮编 200025
　　　　　电话总机 021 - 63315947　销售热线 021 - 53063735
　　　　　http：//www.sassp.cn　E-mail：sassp@sassp.cn
印　　刷：上海信老印刷厂
开　　本：890 毫米×1240 毫米　1/32
印　　张：5.875
字　　数：160 千字
版　　次：2019 年 12 月第 1 版　2019 年 12 月第 1 次印刷

ISBN 978 - 7 - 5520 - 2966 - 6/G · 884　　　　　定价：32.00 元